Duden

SMS Schnell-Merk-System

Clever durchs Abi

W0328305

Dudenverlag
Mannheim · Leipzig · Wien · Zürich

DUDEN PAETEC Schulbuchverlag
Berlin · Frankfurt a. M.

Inhaltsverzeichnis

1 Organisation und Zeitplanung

Arbeitsplatz

Dein **fester Arbeitsplatz** zu Hause ist neben der Schule der wichtigste Ort, an dem du dich auf das Abitur vorbereitest. Seine Ausgestaltung bedingt deinen Erfolg erheblich mit.

eigener Schreibtisch · Ablagen · Regale · Arbeitsmittel · Computer · Papierkorb · Lampe

Grundsätzliches

Dein Arbeitsplatz muss grundsätzliche Anforderungen erfüllen:

- genügend **Platz** und Stauraum für Arbeitsmittel und Unterlagen (1),
- ausreichend **Licht** und eine gute Beleuchtung am Abend (2),
- genügend frische **Luft** und regelmäßige Belüftung (3),
- zusätzliche **Ablagemöglichkeiten** auf dem Schreibtisch oder in unmittelbarer Schreibtischnähe (4),
- übersichtliche Anordnung und feste Plätze für bestimmte Schulsachen oder Arbeitsmittel (5).

(1) Arbeitsplatte nicht überladen
(2) Lichteinfall von links für Rechtshänder, von rechts für Linkshänder
(3) öfter stoßlüften
(4) Schubladen · Regal(e) · Ablagekästen
(5) Pinnwand · Arbeitsmittel in Schubladen · Ordner und Bücher im Regal

Aufgepasst: Reicht der Platz nicht aus für die regelmäßig benötigten Dinge, dann vergrößere die Arbeitsfläche.

Zusatzregal · Schubladencontainer · größere Tischplatte

Keine Ablenkung!

Mögliche Ablenkungen solltest du vermeiden und aus deinem Blickfeld entfernen. Was nicht zur aktuellen Aufgabe gehört, hat auf der Arbeitsfläche nichts zu suchen.

laufender Fernseher · direkter Blick aus dem Fenster · Handy · MP3-Player · Comics

Ordnung schaffen

Durch Ordnung und Übersichtlichkeit kannst du dich auf das Wesentliche konzentrieren und ersparst dir viel Sucherei.
Willst du **schnell** Ordnung schaffen, gehe so vor:

- Räume alles von deinem Arbeitsplatz in große Kartons, die du nach Themen sortierst (1).
- Nimm nach und nach nur das heraus, was du zum Arbeiten brauchst.
- Schaffe dir dafür genügend Ablage- und Stauraum in einem für dich logischen Ordnungssystem (2).
- Was du nach einem Monat nicht gebraucht hast, lagere im Keller oder wirf es weg.
- Halte diese Ordnung **dauerhaft** ein, nur so kannst du jederzeit konzentriert arbeiten (3).

Ordnung schafft: Zeitersparnis · Überblick · Entspannung · Konzentration · Lernerfolg

(1) Schulsachen, Hobbys, Krimskrams
(2) Ablagen mit übereinstimmenden Registern in allen Ordnersystemen · Hängeregister mit Reitern und Farben · Ordner im Textverarbeitungsprogramm
(3) Aufräumen am Arbeitsanfang und -ende

Aufgepasst: Wo du gerne arbeitest, arbeitest du auch effektiv.

Arbeitsplatz umgestalten, bis du gerne daran sitzt.

Lerntagebuch

Führe ein Lerntagebuch. Wenn du es regelmäßig und konsequent verwendest, ist es ein wichtiger Begleiter bei deiner Vorbereitung zum Abitur.
Es enthält:
- deine Lernziele,
- deine Planungsüberlegungen,
- Überprüfungen der Planungsschritte (↑ S. 8 f.),
- fächerübergreifende Verknüpfungen (↑ S. 45),
- Erfahrungen und Erlebnisse mit Lernmethoden oder Lernpartnern,
- Gedanken und Gefühle zu deinem Wissensstand und Lernfortschritt.

eintragen: Hausaufgaben · Klausurvorbereitung · Pausen · Gedanken und Gefühle · Lernmethoden · aktueller Wissensstand · Erfolge · Fragen und Probleme
überprüfen: Ausgangslage · Ziele · langfristige Zeitplanung (Schritte zum Abitur, ↑ S. 8 f.)

Arbeitsetappen

Das Lerntagebuch ist eine verlässliche **Planungshilfe.** Indem du sinnvolle und realistische Arbeitsetappen festlegst, optimierst du deine Zeitplanung und sicherst deinen Lernerfolg.
- Zerlege langfristige Aufgaben in **Zwischenziele** und verbinde sie mit konkreten Terminen.
- Überprüfe die Zwischenziele und passe die nächsten Schritte an.
- Schaue zurück und lerne für die kommenden Aufgaben.

Etappen: Hausaufgaben erledigen · Mitschriften, Protokolle oder Facharbeiten (↑ S. 32 ff.) erstellen · Aufzeichnungen sichten · Prüfungsaufgaben üben · auf Abfragen vorbereiten · Referate vorbereiten (↑ S. 12 ff.) · Lerngruppen planen (↑ S. 58 f.)

Gefühle und Gedanken

Schreibe in deinem Lerntagebuch alle Gefühle und Gedanken auf, die dich bei der Vorbereitung auf das Abitur bewegen.
Wenn du regelmäßig über dein Lernen und deine Arbeit nachdenkst, kannst du steuernd eingreifen und deinen Aufwand optimieren.

„Herr Mayer zieht den Stoff meiner Meinung nach zu straff durch. Geht das auch anderen so?“ → Gespräch planen!

Planung und Ziele überprüfen

Überprüfe deine geplanten Arbeitsetappen, deine Zwischenziele und Ziele regelmäßig.

Was hast du erledigt? · Was hast du nicht erreicht? · Was musst du anpassen?

Beispiel für die mittelfristige Zeitplanung

	Halbjahr 12/1		
Wann?	**Was?**	**Wichtig!**	
31.09.	Klausur Gesch.	Fachbuch S. 78–93	✓
		Stadtbücherei Tel. 56183	
05.10.	Referat	Vorbesprechung Dr. Kloß	✓
~~07.10.~~	Klausur Engl.	Unit 1–3 „Frontier“	
18.10.		Video von Stefan	
08.–15.10.	Ferien	Lerngruppe im „Standard“	
		E-Unit 5–6	
01.11.	Planung	12/2 planen	
11.11.	Referat	Medien, Skript kopieren	
23.12.–06.01.	Ferien	Lateinkurs, Wiesbaden	
		(angemeldet am 06.09.)	

Planungsschritte

Die Abiturvorbereitung beginnt im Kopf. Mit den richtigen Schritten – einer nach dem anderen – kannst du dein Lernen optimal organisieren und planen. Damit verminderst du unproduktiven Stress.

Je früher du damit anfängst (am besten in 11/1), desto besser läuft es für dich in der „heißen" Abiphase.

Analysiere in Ruhe deine **Ausgangsposition** für das Ziel „Abitur".
Kläre zuerst
- deine **Emotionen** beim Lernen: Damit bin ich zufrieden – nicht zufrieden;
- deine bisherige **Lernleistung:** Dabei war ich erfolgreich – nicht erfolgreich;
- deine **Leistungsfähigkeit** beim Lernen: Das sind meine Stärken – meine Schwächen.

Kläre darüber hinaus, mit welchen **Sinnen** du am leichtesten und effektivsten lernst.
Welcher Lerntyp (↑ S. 44) bist du?

Lust-Frust-Analyse in Bezug auf:
Fächer · Lehrer · Inhalte · Zeiten · Orte · Lernpartner
Erfolg-Misserfolg-Analyse in Bezug auf:
Fächer · Methoden · Inhalte · Zeiten · Orte · Lernpartner
Stärken/Schwächen in Bezug auf:
Fächer · Methoden · Inhalte · Zeiten · Orte · Lernpartner
Sinne:
lesen/sehen · hören/sprechen · tun/anfassen, bewegen

Schreibe alle Erkenntnisse in dein Lerntagebuch. Wiederhole die Selbstanalyse in regelmäßigen Abständen.

Kannst du Veränderungen feststellen?

Ziele

Definiere anschließend deine Ziele. Unterscheide dabei zwischen **kurzfristigen, mittelfristigen** und **langfristigen** Zielen. Überprüfe das Erreichen der Ziele regelmäßig.

Erledigungsvermerke · Karteikarten

kurzfristige Ziele

Zeitplan erstellen · Lernmethoden überprüfen · aufräumen · Arbeitsmittel besorgen

mittelfristige Ziele

Klausuren/Referate vorbereiten · Lernzeiten einhalten

langfristige Ziele

Facharbeit · mündliche und schriftliche Abiprüfungen

Notiere diese Ziele als **Zeitplan** auf einer Zeitachse oder in einer anderen, für dich ansprechenden Übersicht von heute an bis zum Abitur. *Aufgepasst:* Ein Terminkalender hilft nur, wenn *alle* Termine in *einem* Kalender stehen.

Maßband · MindMap · Karteikarten · Kalender · professioneller Terminplaner · Wandplakat/Wandkalender

Selbsteinschätzung

Mach dir klar, was du beeinflussen und was du nicht ändern kannst. So kannst du deine Energie gezielt für Veränderungen aufwenden, die dir den Weg zum Abitur ebnen.

beeinflussbar: Zeitplanung · Lernmethodik · Fächer
nicht beeinflussbar: Lehrer · Stundenplan · Zeit · Stoff

Täglicher Arbeitsplan

Ein täglicher Arbeitsplan hilft dir, Zeitdieben keine Chance zu geben und die notwendige Entspannung zu finden.
Mit dem Arbeitsplan kannst du
- deine Arbeitsmotivation erhöhen,
- feststellen, wie lange du für welche Aufgaben brauchst (Klausurentraining),
- in kürzerer Zeit effektiver arbeiten,
- mehr Freizeit bei höherer Lernleistung erwerben.

Arbeitsplanregeln: Kleines sofort erledigen · erst das Schwierige, dann das Einfache · Arbeit und Freizeit ausgewogen gestalten · regelmäßig Pausen machen

Erledigtes entlastet deine Freizeit!

Grundsätze zum Erstellen

Der tägliche Arbeitsplan muss
- einfach zu erstellen sein (1),
- zu 75 % die Aufgaben und die vorgesehenen Arbeitszeiten auflisten (2),
- zu 25 % Entspannungspausen und Belohnungen enthalten (↑ S. 46 f.),
- Prioritäten festlegen (3),
- nicht schulische Termine und Verpflichtungen berücksichtigen (4),
- Reservezeiten für Unvorhergesehenes einplanen,
- Erfolge sichern (5).

Der Arbeitsplan hilft dir, nach einer Pause wieder anzufangen.

(1) Tabelle mit Uhrzeitleiste (Arbeitsanfang – Arbeitsende als Kopiervorlage)
(2) Was muss bis wann erledigt sein?
(3) Gewichtung in sofort = 1, wichtig = 2, bald = 3, einschließlich geplanter Arbeitszeit
(4) Training · Musikschule · Freunde treffen · Arztbesuch
(5) Erledigtes abhaken

Wichtigkeit festlegen

Definiere deine Aufgaben nach **Wichtigkeit** und **Dringlichkeit** und trage sie in die entsprechende Spalte in deinem Arbeitsplan ein.
Aufgepasst: Alles Wichtige (z. B. schriftliches Abitur) ist nicht immer auch dringlich (z. B. von Klasse 11/1 aus betrachtet).

Wichtigkeit:
planen · erledigen · ignorieren
Dringlichkeit:
sofort erledigen · diese Woche erledigen · bis zu den Ferien erledigen

Zeitdiebe

Finde heraus und mache dir klar, welche Zeitdiebe dich bedrohen. Führe dazu eine Woche lang genau Buch. Notiere auf eine halbe Stunde genau, was du wann und wo machst. Analysiere das Ergebnis und suche nach Verbesserungsmöglichkeiten.
Halte dies eine Woche lang ein und führe auch dazu exakt Buch. Hast du Zeitdiebe beseitigen können?

Mögliche Zeitdiebe:
planlos arbeiten · Aufschieben ungeliebter Arbeiten · keine Motivation · Zeiten der Entspannung fehlen · Computer · Fernsehen · Anrufe · Besuche

Entspannung

Überprüfe, zu welchen Zeiten (deine innere Uhr) und in welchen Situationen du Entspannung suchst und findest (↑ S. 46, 90).
Aufgepasst: Aufgeschobene Arbeit ist ein Entspannungskiller. Erledige das Erledigbare gleich.

Brauchst du nach dem Mittagessen eine Ruhepause? · Welche Tätigkeit entspannt dich in Lernpausen am besten?

2 Referat und Vortrag

Nutze gezielte **Vorbesprechungen** mit deinem Lehrer, um dir die Planung, Vorbereitung, Recherche und Präsentation zu erleichtern.

Recherche (↑ S. 34 ff.) · Präsentation (↑ S. 18 f.)

Thema festlegen

Grenze das Thema ein. Berücksichtige dabei, dass Themenstellung und Stoffauswahl in engem Zusammenhang mit **Vorbereitungszeit** und **Vortragsdauer** stehen.
Es gilt: Je kürzer die Zeit, desto repräsentativer die Auswahl der Quellen, Argumente und Beispiele.

Thema:
Thomas Mann
Eingrenzung:
zwei Werke · Exil

Zeitplan erstellen · Medieneinsatz und Zuhörerbeteiligung berücksichtigen

Referattyp klären

Typen nach Inhalt:
- Informationsreferat (Dokumentation, Präsentation von Ergebnissen),
- Analyse, Evaluation,
- Überzeugungsreferat (Erörterung).

Modell erläutern · Biografie · Versuch
Interview · Umfrage
Textanalyse · Interpretation

Typen nach Zeit:
- Kurzreferat,
- Referat,
- Vortrag.

5 bis 10 Minuten
bis zu 45 Minuten
bis 1,5 Stunden

CHECKLISTE: Bewertungskriterien

Nach folgenden Kriterien bewertet dein Lehrer oder die Klasse deine Präsentation. Lass sie von Anfang an in die Erarbeitung einfließen, um erfolgreich zu sein.

- ☐ Die Bewertung der **Vorbereitung** umfasst das Erstellen und Einhalten eines Zeitplans sowie die schlüssige Schwerpunktsetzung.

  Zeit-/Arbeitsplan (↑ S. 9 f.) · Quellenauswahl (↑ S. 34 f.)
- ☐ Der **Inhalt** muss klar gegliedert sein, sachlich richtig, aktuell und so vollständig wie möglich.

  Gliederung (↑ S. 14 f.) · Objektivität · Sachlichkeit
- ☐ **Fakten** müssen das Thema beleuchten.

  Glaubwürdigkeit · Anschaulichkeit
- ☐ Durch einen logischen und strukturierten Aufbau müssen **Zusammenhänge** hergestellt werden.

  Ursachen · Folgen · „roter Faden"
- ☐ Aussagen und Meinungen anderer müssen als **Zitate** gekennzeichnet werden. Führe Belege an.

  Forschungsstandpunkte · Quellenangaben
- ☐ Eigene Meinungen, Beobachtungen und Wertungen müssen als **Stellungnahme** gekennzeichnet sein.

  Kritikfähigkeit · Mut zur Meinung
- ☐ Der **Adressatenbezug** ist wichtig: Du musst am Vorwissen der Zuhörer (Mitschüler) anknüpfen.

  Einordnen des Themas in den Unterrichtszusammenhang · Fremdwörter/Fachbegriffe klären
- ☐ Der eigentliche Vortrag wird von **Verständlichkeit** und einem angemessenen **Medieneinsatz** geprägt.

  Struktur des Vortrags · freies Sprechen und Körpersprache (↑ S. 18, 21) · Präsentationsmedien (↑ S. 17)
- ☐ Bei Zusatzfragen kannst du mit **Hintergrundwissen** und **Problembehandlung** punkten.

  intensive Beschäftigung mit dem Thema

Gliederung erarbeiten

Eine sinnvolle Gliederung ist die Grundlage einer erfolgreichen Präsentation. Berücksichtige dies von Anfang an bei der Stoffsammlung und bei der Auswertung der Recherche (↑ S. 34 ff.). Nutze Mittel wie Brainstorming und gehe systematisch ordnend vor.

dem Thema angemessener Aufbau (z. B. chronologisch bei Biografie) · Medieneinsatz einplanen · auf roten Faden achten: Logik

Beim **Einstieg** (↑ S. 18) geht es darum, die Aufmerksamkeit der Zuhörer zu gewinnen. Finde einen Aufhänger und beziehe ihn auf den Anlass oder das Thema des Referats.

Abbildung · Folie · Überraschung · Provokation · Humor (Karikatur)

In der **Einleitung** (↑ S. 19) begründest du das Thema und stellst die Struktur des Referats vor.

Hauptgliederungspunkte · Thesen vorstellen

Ordne im **Hauptteil** (↑ S. 19) Fakten, Thesen oder Argumente nach Gewicht oder Bedeutung. Achte darauf, dass Zusammenhänge zwischen den inhaltlichen Bausteinen entstehen.

- Informationsvortrag: zuerst – dann – schließlich. Das stärkste Argument steht am Schluss (aufsteigend).

linear: „Auf A folgt B, dann C."

- Überzeugungsvortrag: zum einen – zum anderen. Beginne mit dem stärksten Argument und ende mit dem schwächsten (absteigend).

kontrastiv: „Argument Pro steht gegen Argument Kontra."

Zeige deine intensive Auseinandersetzung mit dem Thema.

- Überprüfe immer den Bezug eines Arguments zum Thema und seine Gewichtung.

Thema: Rauchen schädigt
wichtig: Gesundheit
unwichtig: Profite

- Verbinde jedes Argument mit einem Beispiel.

Argument: mehr Mädchen rauchen
Beispiel: Statistik

- Benenne Probleme, Lücken sowie Unklarheiten offensiv und stelle eigene Fragen an das Thema.

Forschungsdefizite · Quellenlücken · eigene Erkenntnis

Plane die Argumentationskette nicht als Text, sondern als Grafik. Dadurch hast du einen besseren Überblick und kannst von Anfang an Schwerpunkte setzen.
Aufgepasst: Führe alle Argumente und Beispiele im Hauptteil an. Erwähne nie Neues im Schlussteil!

Mind-Map · Schaubild · Cluster (↑ S. 52 ff.) · Recherche (↑ S. 34 ff.)

Der **Schluss** (↑ S. 19) beinhaltet je nach Referattyp eine

- Zusammenfassung des Hauptteils (Informationsvortrag) oder

„Zusammenfassend lässt sich sagen …"

- eine Schlussfolgerung, Meinungsäußerung, Stellungnahme (Meinungsvortrag).

„Aus den genannten Gründen bin ich der Meinung …"

Stelle am Schluss immer einen Bezug zum Thema her und gib einen Ausblick auf weitere mögliche Fragestellungen.

„Wie eingangs gefragt …" · „Darüber hinaus stellt sich die Frage …"

Unterlagen erstellen und Medieneinsatz planen

Damit du deinen Vortrag optimal präsentieren kannst, brauchst du:

- übersichtliche und sinnvolle Vortragshilfen für dich selbst,

Karteikarten · Seite oder Folie mit Gliederung

- dem Vortrag angemessene Präsentationsmedien für deine Zuhörer.

Handout · Folien · Plakat · Video

Deine Vortragsnotizen

Sie sind das Inhaltsverzeichnis deines Referats. Sie müssen

- der Gliederung entsprechen,
- übersichtlich sein (farbige Marker),
- gut lesbar sein (große Schrift),
- dir als Wegweiser durch deinen Vortrag dienen,
- dir dabei helfen, frei zu sprechen anstatt den Vortrag abzulesen.

Inhalt: Stichwörter · Argumente · Erläuterungen · Beispiele · Medieneinsatz

prägnante Stichwörter

Aufgepasst: Notiere die geplante Vortragszeit und berücksichtige sie!

Uhr in Sichtweite legen

Thema: Großbritannien – 4 Landesteile

1. England — 9:00-9:10 Uhr

Stichwort	*Erläuterung/Information*	*Medium*
❶ Lage	Südosten	Landkarte
❷ Hauptstadt	London · 7 Mio. Einwohner · Weltstadt · Sehenswürdigkeiten	Folie 1: Cityplan
❸ Fluss	River Thames · Bedeutung der Schifffahrt · Handel · Tourismus	

Präsentationsmedien für die Zuhörer

Folien sind sinnvoll, wenn sie
- dokumentieren,
- illustrieren,
- Argumente untermauern,
- für Abwechslung sorgen,
- einen neuen Punkt einleiten,
- als Gedächtnisstütze dienen.

Folien ordnen und nummerieren · lieber drei als 30 Folien · eine Aussage je Folie: Bild · Stichwörter · Grafik · Tabelle · Diagramm

Setze **Computerpräsentationen** nur ein, wenn du Erfahrung damit hast. Achte darauf, dass du deinen Vortrag nicht „überanimierst".

wenige Animationen gezielt einsetzen

Für beide gilt: Die **Schrift** muss gut lesbar sein:
- eine Schriftart (ohne „Füßchen"),
- zwei Schriftgrößen,
- Hervorhebungen gezielt einsetzen.

dunkel auf hell

Arial

Überschrift · Text

normal · *kursiv* · **fett**

Plakat, Tafelanschrieb, Flipchart, Moderationskarten dienen dazu, das Referat zu strukturieren und Schlüsselworte festzuhalten. Du kannst sie
- vorbereiten und geplant einsetzen,
- im Lauf des Vortrags entstehen lassen.

auf Lesbarkeit achten · große Lettern · dicke Filzstifte · Druckbuchstaben

Achtung: Zeitbedarf!

Eine **Bild- oder Videoprojektion** macht Sinn als
- Einstieg oder Gesprächsanlass,
- Illustration komplexer Sachverhalte.

Ausschnitt aus: Spielfilm · Spot · Lehrfilm

Referat halten

Orientiere dich an der gesprochenen Sprache, nicht an der geschriebenen. Formuliere kurze, sachliche (Kern-) Sätze und verzichte auf Schachtelsätze, damit deine Zuhörer deinem Vortrag folgen können.

Vermeide: Substantivierungen · „man" · Passiv · Umgangssprache · unvollständige Sätze

Verständlich und frei sprechen

- Lies deinen Vortrag nicht ab, sondern sprich frei. Das kannst du vor dem Spiegel oder mit Freunden üben (↑ S. 20 f.).
  an Vortragsnotizen/Stichwörtern orientieren · Blickkontakt halten
- Sprich deutlich, laut genug und nicht zu schnell.
  nicht leiern · nicht monoton (↑ S. 21)
- **Fachbegriffe** müssen erläutert werden.
  Lexikon · Fremdwörterduden
- **Zitate** spricht man anders, als man sie schreibt.
  „Wie (Autor) in seinem Buch (Titel) von (Erscheinungsjahr) sagt, …"
- Achte auf den Adressatenbezug: Stell dich auf das Vorwissen deiner Zuhörer ein (↑ S. 13).

Strukturiert präsentieren

Eröffne dein Referat mit einem Paukenschlag als Einstieg, z. B.:

- Wecke Interesse für dein Thema durch Humor oder Verblüffung.
  Karikatur · Witz · ironische Aussage · Auftritt im Kostüm
- Provoziere durch ein Zitat oder eine These.
  „Es gibt Intelligenz im All."

Im Anschluss daran strukturierst du gemäß deiner Gliederung (↑ S. 14 f.). Stelle diese Gliederung dem Publikum in der Einleitung vor.
Leite dann durch eine Problemfrage zum Hauptteil, der deine Argumentation enthält (↑ S. 14 f.), über.

„Was heißt also …?“ · „Inwiefern…?“

- Nutze **Sprechpausen** als Gliederungshilfen.
  Schau auf deine Stichwortkarte.
- Stelle **Blickkontakt** her (↑ S. 21).
- Verwende **Aufzählungen.** So trägst du geordnet vor.
  1., 2., 3. · a), b), c)
- Strukturiere mit **Medien** und erhöhe dadurch die Aufmerksamkeit.
  Medienwechsel
- Lass dich durch **Zwischenfragen** nicht irritieren.
  Kläre, dass du Fragen am Vortragsende beantwortest.

Fass am Schluss zusammen.

- Beziehe dich auf das Thema (Einleitung), z. B. als Frage.
  „Gibt es nun Intelligenz im All?“
- Mach eine **abschließende Feststellung** (Conclusio).
  „Abschließend lässt sich sagen, …“
- Schließe deinen Vortrag mit einer **Schlussformel** ab.
  „Vielen Dank für eure Aufmerksamkeit.“

Aufgepasst: Äußere deine persönliche Meinung nur im Schlussteil!
„Meiner Meinung nach, …“

Sichere das Referat durch Feedback:

- Lass Nachfragen zu.
  Geduld!
- Nutze eine Feedbackmethode.
  Fragebogen · Quiz

Einen Vortrag überzeugend zu halten und dabei auch noch ruhig zu bleiben, erfordert viel Übung. Grundsätzlich gilt:

- Du kannst zur Ruhe kommen! Entspannungstechniken helfen dir dabei.
- Der Einsatz von Körpersprache macht deinen Vortrag anschaulicher und professioneller. Auch das kannst du üben.

Entspannung

Keine Angst vor Lampenfieber! Im Gegenteil. Es hilft dir dabei, wach und aufmerksam zu sein. Unsicherheiten kannst du durch gute Vorbereitung und Proben begegnen.

vor dem Spiegel · vor Freunden · auf Video · auf Kassette

↓

Entspannungsübungen

Setze dich nicht unnötig selbst unter Druck, indem du bis zur letzten Minute an deinem Referat arbeitest. Plane eine Pause vor dem Referat ein und versuche mit Entspannungsübungen ruhig zu werden.

- Setze oder stelle dich aufrecht hin. Stell dir vor, du wirst von einer unsichtbaren Hand am Scheitel nach oben gezogen.
- Setze dich aufrecht auf einen Stuhl. Leg die rechte Hand auf deine Bauchdecke und atme so tief ein, dass deine Hand weggedrückt wird. Stoße die Luft durch den Widerstand gespitzter Lippen aus.
- Mach Kaubewegungen und murmle dabei.
- Leg dich in einen stillen Raum, schließe die Augen und denke an einen schönen Moment in deinem Leben.
- Bei Prüfungsangst: Mach es dir immer wieder bequem und spiele in Gedanken die Prüfungssituation bis ins kleinste bedrohliche Detail durch. Sie verliert an Schrecken!

Körpersprache

Du vermittelst 55 % deiner Aussagen durch Körpersprache, 38 % durch deine Stimme und nur 7 % durch Wörter.

Mimik

Die Gesichtszüge müssen zu den Aussagen passen. Sei freundlich, lebhaft, nicht versteinert: Lächeln als Grundton.

Augenkontakt

Es macht keinen guten Eindruck, wenn du mit gesenktem Kopf vorträgst. Schau dein Publikum an! Wenn dich Augenkontakt in deiner Konzentration stört, schau Einzelnen auf ihre Stirn. Wende dich mal nach rechts, mal nach links: Du willst alle erreichen.

Körperhaltung

Stehe oder sitze aufrecht. Nimm einen Stift oder deine Vortragsnotizen in die Hand. Manchmal hilft ein Rednerpult oder der Overheadprojektor. Das gibt dir die nötige Sicherheit und wirkt professionell.

Atmung

Sprich laut und deutlich. Atme deshalb ruhig. Übe die Bauchatmung mit der Hand auf der Bauchdecke (↑ S. 20).

Stimme

Trainiere deine Stimme im Zusammenhang mit der Bauchatmung. Der Druck ist nicht auf den Stimmbändern (Heiserkeit und Räuspern), sondern im Bauch (Vernehmlichkeit).

Betonung

Die Betonung trägt die Bedeutung. Beachte die Satzmelodie (Aussage, Frage). Vermeide Leiern, eine Vorleseintonation oder den Eindruck, auswendig Gelerntes vorzutragen. Ein Tonbandtraining hilft dir dabei.

3 Projekte und Präsentationsprüfung

Projektunterricht

Im Projektunterricht wirst du zwar von deiner Lehrkraft beraten, aber um ein Projekt erfolgreich abzuschließen und es später gut zu präsentieren, musst du selbstständig arbeiten.
Neben der Aneignung von thematischem Fachwissen geht es um

- das Kennenlernen und Ausprobieren von Methoden,
- das Arbeiten in einer Gruppe,
- die zielgerichtete Organisation und Durchführung des Arbeitsprozesses,
- die Präsentation nach außen,
- Reflexion und Evaluation des Verlaufs und der Ergebnisse.

Als „besondere Lernleistung“ sind Projekte prüfungsrelevant. Hier bieten sich gute Chancen, Punkte zu sammeln.

Themenfindung

Sie ist der Einstieg in die Projektarbeit und gelingt am besten in der Gruppe. In der Regel bietet sich ein fächerübergreifendes Thema an. Ein sinnvolles Thema ist überprüfbar, positiv formuliert, konkret beschrieben, aus eigener Kraft und Kontrolle erreichbar.

Brainstorming · Ideenwettbewerb · aktuelles Ereignis · Alltagsprobleme · Vertiefung eines interessanten Unterrichtsthemas

Projektziele festlegen

Die Formulierung der Ziele erfolgt zu Beginn der Projektarbeit. Leitfragen:

- Warum ist ein Projekt zu diesem Thema sinnvoll? — Thema begründen
- Was soll gelernt/erarbeitet werden? — Lernziel festlegen
- Welches Problem soll gelöst werden? — Problemfrage stellen
- Was interessiert wen an diesem Thema? — deine und andere Interessen nennen
- Was soll auf jeden Fall, was vielleicht erreicht werden? — Kern- und Wunschziele benennen
- Was soll verändert, bewirkt werden?
- Was kann nicht bearbeitet werden? — Grenzen des Projekts aufzeigen

Aufgepasst: Die Ziele können sich im Verlauf des Projekts verändern oder neue Ziele können sich ergeben.

Projektplanung

Erstelle einen **schriftlichen Projektplan,** der Folgendes berücksichtigt:

- Wie sollen die Ziele erreicht werden (1)?
- Welches Gruppenmitglied erledigt welche Aufgaben bis wann (2)?
- Welche Informationen, Experten und Arbeitsmaterialien werden benötigt (3)?
- Zu welchem Zeitpunkt und wie soll das Projekt präsentiert werden (4)?

(1) Methoden · Einzel- oder Gruppenarbeit
(2) konstante Arbeitsgruppen · Arbeit verteilen · Zeitplan erstellen
(3) Informationsquellen erschließen · Experten kontaktieren
(4) Zeitpuffer einplanen!

3

Projektablauf

Eine Projektgruppe erreicht ein gutes Ergebnis, wenn alle Mitglieder entsprechend ihrer Stärken mitwirken können.
Bei größeren Projekten sollte eine Projektleitung bestimmt oder eine Koordinationsgruppe gebildet werden.

selbstständiges Arbeiten · regelmäßige Treffen · Teilergebnisse zusammenführen und schriftlich festhalten · alle Mitglieder integrieren

Projektdokumentation

Die Dokumentation des Projekts
- dient der Koordination und der Überprüfung der Teilschritte,
- bereitet die Präsentation vor,
- ermöglicht eine Projektreflexion,
- bereitet die Evaluation vor,
- hilft bei späteren Projekten.

Hilfreich ist der **Projektbericht** als
- Wettbewerbsbeitrag,
- Projektsammlung (Schulbibliothek),
- Prüfungsunterlage (Seminararbeit).

Projekttagebuch · Blog · Webseite · CD-ROM · Projektmappe/Portfolio (Planungsunterlagen, Skizzen, Arbeitsblätter, Briefverkehr, Protokolle) · Filmaufnahmen · Fotos · Zeichnungen · Tonbandmitschnitte · Projektzeitung

Projektpräsentation

Der Zielpunkt eines Projekts ist die Ergebnispräsentation (↑ S. 18 f., 21)
- vor der Prüfungskommission,
- vor der Klasse,
- in der Schule und ihrem Umfeld,
- in der weiteren Öffentlichkeit.

Buch · Projektzeitung · CD-ROM · Prüfung · Theaterstück · handwerkliche Erzeugnisse · Infobroschüre · Diaserie · Video

Evaluation

Du wirst in deiner Schullaufbahn wahrscheinlich an mehreren Projekten mitwirken. Deshalb ist das Nachdenken über Erfolg und Misserfolg wichtig, um beim nächsten Projekt optimal zu arbeiten. Die **Reflexion** über das Projekt kann prozessbegleitend oder am Ende des Projekts erfolgen:

- einzeln oder im Team,
- schriftlich (empfohlen) oder mündlich,
- nach strukturierten Fragen (↑ S. 23),
- als Gesprächs-/Feedbackrunde,
- mit meditativen Methoden (z. B. Fantasiereisen).

Abschließend wird in der **Evaluationsphase** überprüft, ob das Projekt

- in der geplanten Weise umgesetzt wurde,
- zu den geplanten Resultaten bzw. Zielen geführt hat,
- andere Entwicklungen mit sich brachte als erwartet und ob
- künftige Projekte in gleicher oder modifizierter Weise umgesetzt werden sollen.

Aufgepasst: Du kannst jede Lernphase für eine Klausur als „Projekt" ansehen und die Punkte darauf anwenden.

Leitfragen:
Welches Faktenwissen habe ich erworben? · Warum habe ich mir manches gut gemerkt, manches weniger gut? · Welche Arbeitsformen sprachen mich an, welche nicht? · Was fiel mir bei der Zusammenarbeit leicht, was schwer? · Welches waren meine Beiträge?

Ziele:
Selbstkritik · Kritikfähigkeit im Team · aus Fehlern lernen · Erfahrungen für künftige Projekte sammeln

Methoden:
Gespräch · Fragebogen · Mind-Map

Präsentationsprüfung

Projekte als besondere Lernleistungen im Rahmen des Abis, jedes Fachgespräch und auch die mündliche Abiprüfung sind Präsentationsprüfungen, die als Ergebnis eines selbstständigen Arbeitsprozesses bewertet werden. Sie erfordern eine gezielte Vorbereitung und bestehen zu gleichen Zeitanteilen aus einem frei gehaltenen (mediengestützten) **Vortrag** und einem **Prüfungsgespräch.** Beachte die Vorschriften deiner Schule!

Vortrag = Präsentation · Prüfungsgespräch = Kolloquium

Gesamtzeit z. B.: 20 Minuten (10 Minuten Präsentation + 10 Minuten Kolloquium) · Überziehen der Zeitanteile ist nicht erlaubt!

Vorbereitung

Die **Vorbereitungszeit** ist meist kurz, mitunter nur eine Woche. Entweder wirst du vorher aufgefordert, schriftlich mehrere Themen vorzuschlagen, oder du bekommst sie vorgegeben. *Aufgepasst:* Bereite dich auf alle Themen vor, auch wenn in der Prüfung nur eines abgefragt wird.

Themen finden (↑ S. 12, 28, 33 f.)
Thema planen (↑ S. 28, 32 ff.)

Vorbereitungsmethoden üben

Keiner verlangt, dass du alles in einer Woche kannst. Nutze deshalb die Übungsmöglichkeiten und die Methoden der Vorbereitung, z. B. im Rahmen des **offenen Unterrichts.**

selbstständiges Arbeiten mit festem Ziel und Zeitplan im Rahmen der Unterrichtsstunden

Jede Vorbereitung erfolgt in festen Schritten. Um Sicherheit zu erlangen, solltest du Folgendes immer wieder üben:

Vorbereitungsmethoden

- operationalisieren: Arbeitsplan erstellen (↑ S. 23)
- recherchieren: Materialbeschaffung (↑ S. 34 ff.)
- strukturieren: Material ordnen, auswählen (↑ S. 35, 51)
- zusammenfassen: Informationen gliedern (↑ S. 51 ff.)
- visualisieren: Informationen optisch aufbereiten (↑ S. 51 ff.)
- rhetorische Mittel üben und gezielt einsetzen (↑ S. 18 f., 81 ff.)
- Vortragsart: Referate und Präsentationen durch einzelne Schüler oder Gruppen
- Präsentation: anschauliches und authentisches Vorstellen und Dokumentieren von Arbeitsergebnissen (↑ S. 16 f.)

Nimm bei der Vorbereitung gezielt das **Beratungsangebot** deines Fachlehrers an. Frag ihn danach, wo er deine Stärken und Schwächen sieht, und sprich mit ihm über folgende Punkte:

- Anzahl und Umfang der Themen,
- genauer Ablauf der Prüfung.
- Benötigst du eine schriftliche Fassung, eine Gliederung oder ein Thesenpapier?
- Kann er dir Literaturtipps geben?
- Welche technischen Hilfsmittel stehen zur Verfügung?

Hinweise zur Planung und zu notwendigen Arbeitsschritten · Denken in Alternativen · fachlich-inhaltliche Hinweise · methodische Empfehlungen

Themenwahl

Wähle deine **Themen** in enger Absprache mit deinem Fachlehrer.

- Die Themen sollen dich möglichst interessieren.
- Gut ist, wenn du dich bereits mit einem ähnlichen Thema beschäftigt hast.
- Du solltest deine Stärken, z. B. im methodischen Arbeiten, ausspielen können.
- Denke auch an die technischen Möglichkeiten, die insgesamt zur Verfügung stehen.

im Unterricht · als Hobby · in einer AG

eigenes Experiment · Interview

Beamer · Flipchart · Diaprojektor

CHECKLISTE: Kriterien für die Themenwahl

- ☐ Kannst du dein Thema klar und eindeutig formulieren?
- ☐ Wurde das Thema im Unterricht behandelt?
- ☐ Ist das Thema in einer Woche zu bearbeiten?
- ☐ Ist das Thema in der Prüfungszeit zu präsentieren?
- ☐ Kann das Thema mit den technischen Mitteln im Prüfungsraum präsentiert werden?

Nimmst du an einer **Gruppenprüfung** teil, bearbeiten alle gemeinsam ein Thema und tragen die Gesamtverantwortung dafür.
Jeder präsentiert einen Teil und muss darüber hinaus die grundlegenden Fragen zu Inhalten und Methodik beantworten können.

Der Beitrag jedes einzelnen Gruppenmitglieds muss klar erkennbar sein: Teilthemen · Kapitel · Präsentation als Dialog

Verlauf der Prüfung

Den **Vortrag** kannst du zu Hause optimal vorbereiten. Läuft es hier gut, hast du eine gute Ausgangsposition für das Kolloquium!

- Orientiere dich an Leitfragen.
- Erläutere die Planungsphase, die gewählte Vorgehensweise und leg deine Ergebnisse dar.
- Begründe deine Entscheidungen und führe konkrete Beispiele an.
- Weise auch auf Probleme bei der Realisierung hin und bring offene Fragen zur Sprache.
- Orientiere dich an den Erfahrungen der Prüfenden.

Aufgepasst: Deine inhaltliche Kompetenz ist wichtiger als eine perfekte mediale Präsentation.

freie Rede (↑ S. 18) · Medien sollen illustrieren, kein Ablesepapier sein

Projektziele methodische Realisierung

Fachkompetenz beweisen

Kritikfähigkeit und Reflexionsvermögen zeigen

Bezug zum Unterricht herstellen

3

Im **Kolloquium** werden Fragen zu verschiedenen Aspekten deiner Arbeit gestellt. Auch wenn du nur ein Teilthema bearbeitet hast, solltest du über das Gesamtprojekt Bescheid wissen. *Aufgepasst:* Einige Fragen kannst du eventuell vorherbestimmen, indem du in deinem Vortrag einige Aspekte hervorhebst. Lass durchblicken, dass du dir zu offenen Fragen und Problemen eigene Lösungen überlegt hast.

Vertiefung und Übertragung des Themas · Bedeutung des Themas einordnen · Querverbindungen kennen · methodisches Vorgehen begründen

Während der Präsentationsprüfung sind die Lehrer nicht ausschließlich an den fachlichen Ergebnissen der Projektarbeit interessiert. Aus Vortrag, Kolloquium und durch gezieltes Nachfragen ziehen sie wichtige Informationen zur Beurteilung deiner **Kompetenzen.** Diese **Bewertungskriterien** fließen in die Benotung mit ein.

Fachkompetenz

Fachkompetenz zeigt sich daran, wie du die fachlichen Aspekte inhaltlich und methodisch beherrschst und die Ergebnisse kritisch bewertest.

- Wie begründest du die Eingrenzung und die Abgrenzung deines Themas?
- Sind deine Rechercheschritte und deine Untersuchungsmethode sinnvoll und nachvollziehbar?
- Überzeugt die Darstellung deiner Ergebnisse?
- Konntest du Kernthesen herausarbeiten?
- Ist es gelungen, Allgemeines am Beispiel aufzuzeigen?
- Hast du die Materialien kritisch ausgewertet?
- Ist deine Argumentation schlüssig?
- Wird an der schriftlichen und mündlichen Darstellung der Grad des eigenständigen Arbeitens deutlich?
- Hast du dich angemessen ausgedrückt (Fachsprache)?
- Hast du bei der Bearbeitung mehrere Sichtweisen berücksichtigt (Multiperspektivität)?
- Bist du fähig, inhaltlich Stellung zum Thema zu beziehen?

„Wie bist du auf das Thema gekommen?“ · „Wo hast du deine Informationen her?“ · „Wie bist du bei der Recherche vorgegangen?“ · „Könntest du uns bitte deine Gliederung kurz erläutern?“ · „Ergaben sich bei der Bearbeitung auch offene Fragen?“ · „Wieso erschien dir dieses Beispiel wichtig?“

Medienkompetenz

Medienkompetenz zeigt sich an der Auswahl und Begründung der verwendeten Gestaltungselemente.

- Erfolgte deine Medienwahl angemessen, also weder zu spärlich noch zu überfrachtet?
- Konntest du durch sachgerechten, einfallsreichen und originellen Medieneinsatz überzeugen?
- Konntest du gelungenes Zeitmanagement in der Abfolge der eingesetzten Medien beweisen?
- Hattest du im Verlauf der Präsentation die eingesetzten Medien im Griff?

„Was wolltest du durch die Computerpräsentation bewirken?“ · „Hätte man dazu nicht ein Schaubild zeichnen können?“ · „Wie hätte man das Ergebnis noch aufbereiten können?“

Kommunikationskompetenz

Kommunikationskompetenz zeigt, ob und wie du in der Lage bist, zuzuhören, zu argumentieren und Selbstvertrauen sowie Kritikfähigkeit zu entwickeln.

- Kannst du frei und verständlich, mittels Stichwortliste vortragen, sodass die Zuhörer deinen Ausführungen inhaltlich folgen können?
- Kannst du dich durch einen sach- und adressatenbezogenen Vortragsstil auf dein Publikum einstellen?
- Gelingt es dir, dich beim Vortrag und im Gespräch mit deiner eigenen Person authentisch einzubringen?
- Bist du dialogfähig und flexibel?
- Kannst du sachlich mit Kritik umgehen und dein eigenes Handeln kritisch reflektieren?

„Ist diese Beobachtung kein Widerspruch zu deiner Behauptung?“ · „Zu welchen Einsichten bist du bei der Beschäftigung mit dem Thema gelangt?“

4 Die Facharbeit

In der Oberstufe wird von dir eine längere schriftliche Facharbeit verlangt, mit der du wissenschaftliches Arbeiten unter Beweis stellst, selbstständig über einen längeren Zeitraum arbeitest und deine Abinote entscheidend beeinflusst.
Hierbei zeigst du

- wissenschaftliche Methodenkompetenz (1),
- inhaltliche Fachkompetenz (2),
- persönliche Kompetenzen (3).

Wettbewerbsbeitrag · naturwissenschaftliche Versuchsbeschreibung · besondere Lernleistung · Hausarbeit

(1) recherchieren · Material strukturieren/zusammenfassen · bewerten · zitieren · präsentieren
(2) einen Forschungsgegenstand benennen · verschiedene Sichtweisen aufzeigen · ein Fachthema konzentriert darstellen · Fachvokabular verwenden · Formeln, Fragen, Fakten, Fragestellungen des Fachs nutzen
(3) Selbstständigkeit zeigen · sprachliche Kreativität · Organisations- und Planungstalent

Das Folgende gilt grundsätzlich für wissenschaftliches Arbeiten. Nutze zur Klärung der Fachinhalte die **Beratungsgespräche** mit deinem Fachlehrer (1) und beachte darüber hinaus die formalen **Vorschriften** deiner Schule (2).

(1) Thema, Materiallage, erste Gliederung klären · Tipps zur Recherche und zum Schreiben
(2) Faltblatt, Homepage deiner Schule

Planung

Wichtig ist, dass du planst, bevor du beginnst. Das erspart dir Ärger, Frust und Zeitdruck vor dem Abgabetermin. Die sorgfältige Planung

- trennt das Wesentliche vom Unwesentlichen,
- behält die zur Verfügung stehende Zeit im Auge und
- erspart Frustrationen.

Aufgepasst: Überprüfe regelmäßig, ob du deine Planung neuen Umständen anpassen musst.

Zeitplan erstellen · im Lerntagebuch (↑ S. 6) dokumentieren · Zwischenziele definieren · Daten- und Materialbeschaffung · Literaturrecherche · Material bearbeiten · evtl. nachrecherchieren · Gliederung erstellen · Schreiben · Korrektur · Druck

Themenfindung

Das Thema ist entweder vorgegeben oder wird von dir vorgeschlagen. Finde dein Thema durch systematische und kreative Prozesse (1). Gehe vom Fach und seinem Lehrplan aus.

- Anregungen aus dem Stoff des Unterrichts holen;
- optimal: Thema steht z. B. in Verbindung mit einem deiner Hobbys (2);
- Thema mit dem Lehrer abklären.

(1) Brainstorming · Cluster · Mind-Map · Gespräche mit Fachleuten · Lektüre
(2) z. B. Hobby Reiten: Facharbeit zum Thema Pferderassen

Überprüfe deine Ideen auf ihre **Umsetzbarkeit.** Kannst du das Thema konkret benennen und eingrenzen?

Nimm dir dazu etwa eine Woche Zeit. Das ist schon die erste Leistung!

CHECKLISTE: Leitfragen zur Themenfindung

- ☐ Interessiert dich die Thematik (persönlicher Bezug)?
- ☐ Ist die Fragestellung klar umrissen? Von welchen Nachbarthemen muss das Thema abgegrenzt werden?
- ☐ Welchen Bezug hat das Thema zum Unterrichtsstoff?
- ☐ Was rät mir meine Lehrkraft, mein Tutor?
- ☐ Welches Vorwissen kann ich einbringen?
- ☐ Bei welchen Institutionen, Medien und Quellen kann ich recherchieren und mich informieren?
- ☐ Welche fächerübergreifenden Aspekte kann ich darstellen und welche Vernetzungen herstellen?
- ☐ Hast du einen besonderen Zugang zu diesem Thema? Liegt z. B. deinem Lehrer sehr daran? Kennst du Experten, Verwandte oder Bekannte, die du befragen kannst?

Recherche

Eine gezielte Recherche liefert dir die **Materialgrundlage** für deine Arbeit. Je strukturierter du vorgehst, desto leichter ist die Schreibarbeit und desto besser ist das Ergebnis.

Daten · Fakten · Institutionen · Expertenkontakte · Literatur

Material sammeln

Sammle und sortiere deine Rechercheergebnisse systematisch in einem Ablagesystem. Alle Informationen, die du nutzt, müssen später nachvollziehbar sein.

Karteikarten · Stichwortregister im Ordner · Dokumentverwaltung im PC · Hängeregister

Verschaffe dir zunächst einen Überblick über die **Literatur** zum Thema. Nähere dich deinem Thema langsam an: vom Allgemeinen zum Speziellen. Achte darauf, wie dein Thema in der Literatur inhaltlich aufbereitet wird.

Schulbibliothek · Bücherei · Archive

allgemeine Lexika · Wörterbuch → Fachbuch/-zeitschrift · Fachlexika

Für die **Internetrecherche** gilt: gezielt suchen und ein Zeitlimit setzen! Für die grundlegende Suche eignen sich **Suchmaschinen.** Gib hier die Schlagworte deines Themas ein. Achte auf die Seriosität der Quelle. Quantität ist nicht gleich Qualität!

altavista.de · google.de · schuelerlexikon.de

Je unverwechselbarer dein Stichwort, desto besser das Ergebnis!

Außerdem kannst du dich auf den Internetseiten relevanter Behörden, Institutionen, Ministerien und Printmedien informieren. Notiere die Adressen interessanter Seiten. Drucke gutes Material gleich aus.

Archive · Datenbanken · Chatrooms/Newsgroups · Pinboards in Newsgroups · Portale

Manchmal bietet es sich an, eigene **Daten** zu **erheben** (1).

- Erstelle Leitfragen, nach denen du vorgehen willst.
- Plane den Versuchsaufbau, den Material- und Zeitbedarf.
- Dokumentiere die Erhebung der Daten (2).
- Stelle deine Ergebnisse gleich übersichtlich dar und überlege dir eine geeignete Präsentationsform (3).

(1) Versuche (z. B. Physik, Chemie) · Interviews (z. B. Geschichte) · Umfragen (z. B. Politik)
(2) Video · Foto · Ton · Abschriften davon
(3) Tabellen · Schaubilder · Diagramme · Beschreibungen · Analysen

Material auswerten

Zur Auswertung gehören
- **Ordnen:** Nutze die Gliederung.
- **Exzerpieren** (↑ S. 50): Markiere zentrale Passagen farblich und schreibe Anmerkungen an den Rand.

Fass wichtige Passagen gleich in eigenen Worten zusammen!

Forschungsfragen im Auge behalten · verschiedene Standpunkte vergleichen und zusammenführen · breite Materialbasis nutzen

Gliederung

Schon während du Material sammelst, solltest du über die inhaltliche **Gliederung** nachdenken und am Entwurf arbeiten. Achte auf
- eine logische Abfolge der Gliederungspunkte,
- die Einordnung der Punkte in den Themenzusammenhang,
- eine klare Zuordnung des Materials zu den Gliederungspunkten.

Aufgepasst: Überprüfe an deinem ersten Entwurf, ob die Gliederung die Fragestellung widerspiegelt.

Die Gliederung dient als Richtschnur für die Schreibarbeit!

chronologisch · linear · kontrastiv (↑ S. 14)

Einleitung

Hier begründest du die Themenwahl, stellst die wissenschaftliche Fragestellung und die Methodenwahl dar.

Einleitung zuletzt schreiben!

Hauptteil

Der Text soll klar verständlich deinen Forschungsgegenstand präsentieren. Achte auf Überleitungen zwischen den Abschnitten und Kapiteln. *Aufgepasst:* Der Haupttext darf oft nur 12–20 Seiten umfassen. Entscheide rechtzeitig, was du weglässt.

Fragestellung begründen · Methode erklären · evtl. Versuchsbeschreibung · Quellenauswahl und -analyse · Ergebnisse

■ **Fußnoten** entlasten den Text von Datenmengen, die den Lesefluss hemmen. Du setzt sie bei Quellenangaben (↑ S. 38) und längeren Zitaten. Eine hochgestellte Ziffer im Text verweist auf eine Fußnote am Seiten- oder am Dokumentende.

■ Durch **Zitate** nennst du die Gedanken oder Fakten anderer sinngemäß (1) oder wörtlich (2). Jedes Zitat belegst du in einer Fußnote.

Aufgepasst: Zitate und Zitierweise (Fußnoten) müssen innerhalb deiner Arbeit einheitlich sein. Jedes Zitat wird mit Quellenangabe belegt!

Quelle genau angeben! · durchgehend nummerieren · Schrift wie Haupttext, zwei Punkt kleiner

(1) nicht verfälscht durch wertende Kommentare · fasst den wesentlichen Gedanken zusammen

(2) gibt den exakten Wortlaut in Anführungszeichen wieder

Schluss

Der Schluss fasst die Ergebnisse zusammen. Erst hier sind persönliche Stellungnahmen angebracht. Neue Fakten sind tabu (↑ S. 15).

Wertung · Bezug zur Problemfrage der Einleitung · Forschungsdefizite

Formalien

Die Formalien sind oft in schuleigenen Merkblättern vorgeschrieben, aber auch allgemein üblich.

Inhalts-/Quellen-/Literaturverzeichnis · Zitierweise · Schriftgröße · Seitenzahl

Deckblatt/Titelblatt

Auf dem Deckblatt/Titelblatt gibst du Informationen, die zur Einordnung und Bewertung deiner Arbeit wichtig sind.

Schule/Schuljahr · Thema · Fach/Fächerverbindung · dein Name · Klasse/Kurs …

Inhaltsverzeichnis

Das Inhaltsverzeichnis entspricht der Gliederung. Es muss prägnant sein.

maximal drei Hierarchieebenen

Quellenangaben

Beachte hierzu die Vorgaben deiner Schule (Merkblatt).
Angaben zu Buchquellen findest du in der Regel im Impressum.

Literaturangaben müssen in Fußnoten und Literaturliste einheitlich sein!

- Nachname, Vorname: Titel. Untertitel. Verlag, Ort (Auflage) Jahr, Seite.

Mann, Thomas: Buddenbrooks. Verfall einer Familie. S. Fischer Verlag, Berlin 2001, S. 67 f.

- *Aufsatz:* Nachname, Vorname: Aufsatztitel. In: Zeitschriftentitel Jahrgang, Seite.

Müller, Heike: Der Roman im 19. Jahrhundert. In: Germanistik 2005, S. 18–27.

Quellentexte aus dem Internet solltest du mit der Fundstelle (URL) ausdrucken und deiner Arbeit im Anhang beilegen. Notiere außerdem den Zeitpunkt des Aufrufs der Webseite.

www.duden.de

2006-02-21

Literaturverzeichnis

Das Literaturverzeichnis (Bibliografie) ist der Nachweis deiner Arbeitsgrundlage und Redlichkeit. Hier führst du die gesamte, von dir verwendete Literatur alphabetisch auf. Es empfiehlt sich, in Quellengruppen zu trennen:

- **Primärquellen:** Archivmaterial, Interviewaussagen, Zeitungen;
- **Sekundärquellen:** Bücher, Zeitschriften, Computermedien;
- **Hilfsmittel:** Lexika, Wörterbücher;
- **Internetadressen.**

Aufgepasst: Verzeichne nur die tatsächlich verwendete Literatur.

Sammle alle bibliografischen Angaben schon bei der Recherche (↑ S. 34 ff.) in einem Dokument.

Nutze bei der Literaturangabe allgemein gültige Abkürzungsstandards.

ebd.: ebenda – gerade angeführte Quelle
a. a. O.: an angeführten Orten, die Quelle wurde schon einmal ausführlich genannt
S. 9 f.: Seite 9 und die folgende Seite
S. 9 ff.: Seite 9 und die folgenden Seiten

Materialanhang

Der Materialanhang entlastet deinen Haupttext von einer Überfülle an Quellentexten und Dokumenten. Durch Fußnoten im Text (↑ S. 37) kannst du bequem auf die entsprechende Seite im Anhang verweisen.

Karten · Pläne · Skizzen · Statistiken · Tabellen · Diagramme · Mitschriften · Protokolle · Fragebögen

Schlusserklärung

In der Schlusserklärung erklärst du eidesstattlich, dass du alle Hilfen und Vorlagen angegeben und selbstständig gearbeitet hast.

Ein Betrugsversuch kann zur Aberkennung der Hochschulreife führen!

Ich versichere hiermit, dass ich diese Arbeit selbstständig angefertigt und keine anderen als die von mir angegebenen Quellen und Hilfsmittel verwendet habe. Die den benutzten Werken wörtlich oder inhaltlich entnommenen Stellen sind als solche gekennzeichnet.
Ort, Datum, Unterschrift

Reinschrift

Die Reinschrift ist das Ergebnis eines Prozesses von wiederholten Entwurfsüberarbeitungen. Mitunter musst du deine Gliederung ändern.
Aufgepasst: Beginne mit einem Kapitel, das dir liegt, nicht mit der Einleitung.

z. B. interessante Thesen · Beschreibung leichter als Auswertung

Sprachliche Gestaltung

Sie ist ein wesentliches Kennzeichen für das wissenschaftliche Niveau deiner Arbeit.

Stil · Grammatik · Satzbau · Rechtschreibung

Ein wissenschaftlicher **Stil** ist frei von
- wertenden Adjektiven,
- Umgangssprache,
- Wiederholungen,
- Klischees,
- Floskeln,
- unpräzisen Äußerungen.

„schrecklich“
„cool“
„wie schon gesagt“
„typisch“
„höchste Priorität“
„Sache“

Achte stattdessen auf:
- einen sachlichen Ausdruck,
- Schriftsprache,
- Fachterminologie,
- prägnante Begriffe.

Satzbau und Grammatik

Satzbau und Grammatik bestimmen das Textniveau. Zu lange, verschachtelte Sätze, Nominalstil, „man“, Passiv, unverstandene Fremd- oder Füllwörter erschweren das Verständnis. Halte eine logische Folge deiner Ausführungen und die gewählte Zeitform ein.

kurze Sätze · Synonyme nutzen (Thesaurus) · logische Verknüpfungen · Satzbau variieren (Satzanfänge)

Die korrekte **Rechtschreibung** und **Zeichensetzung** sind ein Ausweis formaler und gedanklicher Sicherheit.

Rechtschreibprogramm nutzen · Korrektur lesen lassen

Die äußere Form deiner Facharbeit ist mehr als „nur" ein schön gestaltetes Schriftstück. Festgelegte **Gestaltungsmerkmale** musst du beachten, um einen optimalen Eindruck zu erreichen. Trotzdem bleibt dir genügend Spielraum für eine individuelle Aufmachung.

Aufgepasst: Beachte das **Merkblatt deiner Schule** zur äußeren Form von Facharbeiten.

Grundsätzliches

Texte sollen gedruckt vorliegen, lesbar und eingebunden sein sowie seriös wirken.

- Papier: DIN-A4-Format · weiß · einseitig bedruckt · stabile Bindungsart
- Seitenränder nicht zu knapp: links 3 cm für die Heftung · rechts 3 cm für Bewertungen · oben 3 cm · unten 2,5 cm
- Blocksatz
- Zeilenabstand: 1,5-zeilig

Seitenzahlen

Seitenzahlen (auch im Anhang) erleichtern das Auffinden von bestimmten Textpassagen und sorgen für einen chronologischen Verlauf. Achte auf die Übereinstimmung der Seitenzahlen mit dem Inhaltsverzeichnis.

- Position: unten rechts (Griffecke) · Titelseite als erste Seite zählen, aber ohne Seitenzahl lassen
- Materialanhang: M1, M2, M3, … · entsprechend dieser Nummerierung im Text Bezug nehmen (z. B. „siehe S. M5") · im Inhaltsverzeichnis aufführen

Bindung

Die Bindung deiner Arbeit soll haltbar und ansprechend sein. Sie ist die Verpackung, in der du deinen Inhalt präsentierst. Es empfiehlt sich, ein Exemplar zur Abgabe und ein weiteres Exemplar für Präsentationen anzufertigen. Ein farbiger und bedruckbarer Umschlagkarton oder Folieneinbanddeckel erhöhen den positiven Eindruck deiner Arbeit.

Schrift

Die Schriftart bestimmt die Form. Gehe mit Formatierungen (fett, kursiv, Schriftgröße) sparsam um, damit deine Arbeit übersichtlich bleibt und nicht überladen oder chaotisch wirkt. Verwende nicht mehr als eine Schriftart in unterschiedlichen Formatierungen.

Leg besondere Formatierungen für Überschriften, Zitate, Bildunterschriften, Fußnoten und die Literaturliste fest.

- Schriftgröße Text: 12 Punkt
- Schriftgröße Unterschriften, Fußnoten, Literaturliste: 10 Punkt
- Schriftart: Schrift ohne „Füßchen“ (z. B. Arial, Times)
- Überschriften: gleiche Schriftart wie der Text · fett · doppelter Zeilenabstand · Kapitelüberschriften 2 Punkt größer
- (längere) Zitate: 0,5 cm eingerückt · einzeilig · auch kursiv möglich

Grafische Objekte

In den Text eingebundene Grafiken, Schaubilder, Diagramme, Bilder (zum Beispiel von einem Versuchsaufbau) lockern den Textfluss auf und unterstützen deine Aussage. Aber sie kosten Platz. Verwende Bildelemente im Textteil deshalb gezielt. Überlege genau, wo sie am sinnvollsten sind, d. h., wo sie deine Hauptaussage am besten untermauern.

Bildunterschriften und Bildbezeichnungen nicht vergessen · klare Zuordnung der Bilder muss erkennbar sein · auf eine einwandfreie Qualität der Grafiken, Schaubilder und Fotos achten · Fließtext durch Überschriften, Zwischentitel oder Absätze gliedern

5 Optimal fürs Abi lernen

	wissenschaftlich nachgewiesene Behaltensleistung:
Jeder lernt auf seine Art. Finde heraus, welcher Lerntyp du bist. Merkst du dir Lernstoff leichter durch	
■ Hören/Vorsagen,	20 %
■ Sehen (Lesen),	30 %
■ Anfassen oder	70 %
■ Bewegen/Tun/Handeln?	90 %
Aufgepasst: Beim Lernen solltest du immer viele Sinne ansprechen.	mehrkanaliges Lernen

CHECKLISTE: Welcher Lerntyp bist du?

Du bist ein:

auditiver Lerntyp, wenn
- ☐ du dir Gehörtes und Besprochenes gut merken kannst,
- ☐ du gern in Lerngruppen mit Diskussionen lernst,
- ☐ du dir Lernstoff selbst laut vorsprichst;

visueller Lerntyp, wenn
- ☐ du dir Lerninhalte bildlich vorstellst,
- ☐ dich leicht an Gesehenes erinnerst,
- ☐ du lieber liest als zuhörst;

haptischer Lerntyp, wenn
- ☐ du durch Anfassen der (Lern-)Gegenstände lernst;

motorischer Lerntyp, wenn
- ☐ du mit den Händen redest,
- ☐ du beim Lernen im Zimmer herumläufst.

Gehirngerechtes Lernen

Das menschliche Gehirn ist zwar enorm leistungs- und merkfähig, jedoch nicht unbegrenzt. **Konkrete Inhalte** lassen sich besser lernen als abstraktes Wissen.
Gehirngerechtes Lernen heißt, Verknüpfungen und Assoziationen herzustellen. Gehirngerecht lernen bei der Vorbereitung auf das Abitur bedeutet für dich:

- den Stoff in immer größeren Zeitabständen **wiederholen** (1),
- dem Lernstoff gegenüber **emotional positiv** (↑ S. 46 f.) gestimmt sein (2),
- mit hoher **Konzentration** an die Lernphase herangehen (3),
- Gelerntes mit vorhandenem Wissen **vernetzen** (4),
- **Motivation**shemmer abbauen (5),
- regelmäßig **Pausen** einlegen (6).

(1) Vokabel- oder Lernkartei nutzen (↑ S. 56 f.)
(2) Mut machen: „Ich schaffe das!“
(3) Konzentrationstraining (z. B. Kreuzworträtsel) · Störquellen ausschalten
(4) Eselsbrücken · Herleitungen finden · Merktechniken trainieren (↑ S. 57)
(5) Belohnungen (↑ S. 46)
(6) nach einer Stunde Lernen 15 Minuten Pause · ausreichend schlafen

Mit **Eselsbrücken** kannst du Unbekanntes mit Bekanntem verknüpfen. Nutze diese Methode des gehirngerechten Lernens.

Aufgepasst: Probiere aus, welche Verknüpfung deinem Lerntyp (↑ S. 44) entspricht.

Verbinde Neues mit: Stellen in deinem Zimmer · Farben · Musik · Zahlen · Namen aus deinem Leben · einer Geschichte · Assoziationen (↑ S. 52 f.)

Lernen ist nicht immer einfach und mitunter musst du dich dazu zwingen. Aber so, wie man sich das Lernen durch geeignete Methoden zu erleichtern vermag, kann man sich auch selbst **zum Lernen motivieren.** Neben dem „Wo?“, „Wann?“, „Wie?“ und „Was?“ des Lernens spielt auch das lohnende Ziel, also das „Wozu?“ eine wichtige Rolle. Entscheidend für den Erfolg von Motivation bist du selbst: Du willst Erfolg haben. Und diese Aussicht spornt dich am meisten an.

Belohnungen

Überlege dir Belohnungen, die du während und durch die Abiturvorbereitung erwerben möchtest.

Aufgepasst: Immaterielle Belohnungen kannst du dir selbst verschaffen. Sie wirken sich stärker auf deine Motivation aus.

- materielle Belohnungen: Geschenke · erfüllte Wünsche · Taschengeld · Reisen · Unternehmungen
- immaterielle Belohnungen: Anerkennung bei Eltern, Lehrkräften, Freunden · Entspannung · Erfolgsgefühle · Freunde treffen

Entspannung

Momente der Entspannung müssen nicht lange, aber sie müssen intensiv sein. Jeder entspannt auf andere Art und Weise. Finde heraus, wie *du* am besten entspannen kannst.

bei geschlossenen Augen Musik hören · träumen · kurze Bettruhe (15 Minuten) · tanzen · spazieren gehen · Sport · lesen · kreativ sein (z. B. malen, schreiben, bauen) · fernsehen · Meditationsübungen/Yoga

Positive Einstellung

Der Ansporn, regelmäßig für das Abitur zu lernen, kann sowohl durch äußere Umstände als auch durch dich selbst erreicht werden. Lass dir durch deine Eltern, eine Lerngruppe oder Freunde helfen, „am Ball“ zu bleiben. Motiviere dich selbst durch eine positive Haltung dem Lernstoff gegenüber, durch eine positive Selbsteinschätzung und -einstellung sowie das Bewusstmachen von erreichten Erfolgen und geschafften Teilzielen. Denk an andere schwierige Situationen, die du gemeistert hast! Das Lerntagebuch (↑ S. 6 f.) ist hier eine wichtige Hilfe.

Würdigung von guten Noten in Abfragen und Klausuren · Lob von Eltern, Lehrkräften und Freunden · Motivationsposter über dem Schreibtisch mit Slogans: „Ich will …!“, „Ich kann …!“, „Ich werde …!“ · Motivationszettel (Post-its) in Lehrbüchern

Rückschläge

Eine erfolgreiche Motivation funktioniert auch dann, wenn du Rückschläge einstecken musst oder nicht weißt, wie du anfangen sollst. Deshalb ist es wichtig, dass du dir **realistische Ziele** setzt, deren Erreichen du dokumentierst (↑ S. 9). Dabei hilft dir die tägliche Bearbeitung deines Lerntagebuchs (↑ S. 6 f.).

Zwischenziele stecken · Wut über Niederlage ausleben · mehr auf sich als auf andere hören · kleine Planungsschritte festlegen · das Erreichte überprüfen · Erreichtes von Nichterreichtem trennen · sich auf seine Stärken besinnen · Unzufriedenheit zu Änderungen (Lerngewohnheiten) nutzen

Informationen beschaffen

Damit du vermitteltes Wissen bestmöglich aufbereitest und im Abitur zur Verfügung hast, musst du wissen, wie du dir den Lernstoff beschaffst, ihn verarbeitest und sicherst.

Texte effektiver exzerpieren

Um aus der Fülle von Texten rasch und umfassend Informationen herauszufiltern, zu bewerten und abzuspeichern, nutze die **Fünf-Schritt-Methode:**

1. Überfliegen: Achte auf Überschriften, Satzanfänge, Hervorhebungen, grafische Elemente. Welche Passagen passen zu deiner Aufgabe?

Seitenzahlen notieren · Haftnotizzettel nutzen

2. Fragen: Formuliere Fragen an den Text. Womit befassen sich Inhalt und Aufbau?

Fragen aufschreiben

3. Antworten: Lies den Text nun gründlich und suche Antworten auf Fragen, die deine Leseabsicht berücksichtigen. Wähle die wesentlichen Passagen aus.

Stichwörter notieren · Randnotizen · mit Tabellen oder Mind-Maps veranschaulichen

4. Zusammenfassen: Fass die Sinnabschnitte zusammen.

auf extra Blatt · Karteikarte

5. Wiederholen: Antworte auf deine Fragen mit eigenen Worten und aus dem Gedächtnis.

Halte dir selbst einen Vortrag.

Texte bewerten

Beim Lesen eines Textes musst du recht rasch beurteilen, ob und inwiefern dieser als Informationsquelle für dein Lernthema brauchbar ist.
Indem du dir **Fragen** zum Text stellst, lernst du bereits. Frage nach Fakten (1), Zusammenhängen (2) und deinem persönlicher Bezug (3).

(1) Wer? Was? Wo? Wann?
(2) Warum? Wieso? Weshalb?
(3) deine Leseabsicht · deine Erfahrung

Achte beim Überfliegen, aber auch beim gründlichen Lesen auf die wesentlichen Kernaussagen. **Markierungen** erschließen dir visuell und auf einen Blick, was wichtig ist.
Aufgepasst: Weniger ist mehr. Unterstreiche oder markiere farbig nur das, was die Antwort auf die Frage „Ist das wichtig?“ ist.

Arbeitsmaterial

Lineal · farbige Textmarker oder Stifte · Bleistift · Folie und Folienschreiber (wenn du keine Markierungen im Buch anbringen darfst)

Methode

unterstreichen · Randnotizen · Abkürzungen · Symbole

Unterscheidungshilfen

festgelegte Farbzuordnung (maximal zwei Farben) · Kringel um Schlüsselbegriffe · Textstruktur durch Verbindungslinien oder Pfeile veranschaulichen · Schlüsselbegriffe auf extra Blatt notieren

Informationen bearbeiten

Exzerpt

Um einem längeren Text die wichtigen Informationen zu entnehmen, fertige einen sinngemäßen Textauszug an, d. h., exzerpiere ihn. Wähle dazu wesentliche Kapitel oder Textpassagen aus und stelle die Informationen auf einem separaten Blatt oder einer Karteikarte zusammen.

Überschriften übernehmen oder eigene finden · Spiegelstriche vor Stichwörtern · Zitate (kurz, mit Seitenangabe) · Mind-Map, Flussdiagramm, Schaubild erstellen

Mitschriften

Gute **Mitschriften** (Protokolle) von mündlichen Vorträgen im Unterricht sind eine wichtige – vielleicht sogar deine wichtigste – Lernunterlage. Um sie auch später sinnvoll nutzen zu können, solltest du einige Dinge beachten:

- Mitschrift immer mit Datum und Thema versehen,
- aufmerksam sein und genau zuhören (1),
- effektiv mitschreiben (2),
- sinnvolle Abkürzungen verwenden (3),
- auf lehrerspezifische Formulierungen achten (die will er auch in der Prüfung hören).

(1) Erst zuhören, dann schreiben!
(2) wesentliche Inhalte notieren · Pfeile · Spiegelstriche · Symbole · Farben · Pfeilbeziehungen herstellen · Abstände/Zwischenräume für nachträgliche Einfügungen lassen
(3) gängige und eigene Abkürzungen

Bearbeite deine Mitschrift zu Hause und verfasse eine **Reinschrift.** Am besten noch am selben Tag, wenn deine Erinnerung an die Stunde noch frisch ist. Verwende deinen Computer oder schreibe auf Karteikarten.

Nebensächliches kürzen · Frage-Antwort-Stil · zur späteren Wiederholung abheften

Nachschlagen

Systematisches Nachschlagen führt zu schnellem und richtigem Finden. Wichtige Orientierungshilfen, die dem „Durchblättern" weit überlegen sind:

- Inhaltsverzeichnis,
- Stichwortregister,
- Kolumnentitel oder
- Leitwörter (fett oben auf der Wörterbuchseite).

A–Z-Ordnung: Rechtschreibduden · Fremdwörterduden · Lexika · fremdsprachliche Wörterbücher
Inhaltsverzeichnis: Formelsammlung
Stichwortregister: Atlanten · Gesetzbücher · Fachbücher

Informationen strukturieren und optisch aufbereiten

Du verstehst die Informationen besser und kannst sie nachhaltiger lernen, wenn du sie logisch ordnest. Manchmal gibt das vorgegebene Thema bereits eine sinnvolle Ordnung vor. Mitunter musst du jedoch selbst entscheiden, wie du zusammengetragene Informationen aufbereitest.

z. B. chronologisch bei Themen aus der Geschichte oder bei der Abfolge von Versuchen

Spickzettel

Ein Spickzettel dient der
- knappen Zusammenfassung des Stoffes,
- Strukturierung der Stichwörter,
- gedanklichen Arbeit beim Erstellen.

Ein guter Spickzettel ermöglicht das Lernen, ohne dass du ihn nachher brauchst.

Strukturierungshilfen

Nutze Strukturierungshilfen zur Darstellung von Zusammenhängen und Entwicklungen, um dein Einzelwissen zu vernetzen.

Mind-Map · Schaubild · Diagramm

Verwende
- Begriffsnetzwerke: Hierbei stellst du Zusammenhänge durch Linien dar;
- Wortgruppen: Hierbei gruppierst du wichtige Stichwörter oder Fachwörter;
- Schaubilder: Hiermit zeigst du komplexe Zusammenhänge auf;
- Cluster: Beim Clustering stellst du den Kernbegriff in die Mitte eines großen Blattes und verbindest davon ausgehend Wörter und Assoziationen damit. Von jedem der neuen Wörter ausgehend, kannst du nun weitere „Trauben“ von Gedanken anschließen.

Oberbegriff – Unterbegriffe · Gegensätze

Zweiter Weltkrieg – Alliierte …

Ideenfluss zeigen · Wortgruppierungen grafisch darstellen · Clustering führt zur Mind-Map (↑ S. 53)

Eine **Mind-Map** entspricht in ihrer logischen Struktur dem vernetzten, gehirngerechten Lernen (↑ S. 45).

Beispiel für eine Mind-Map

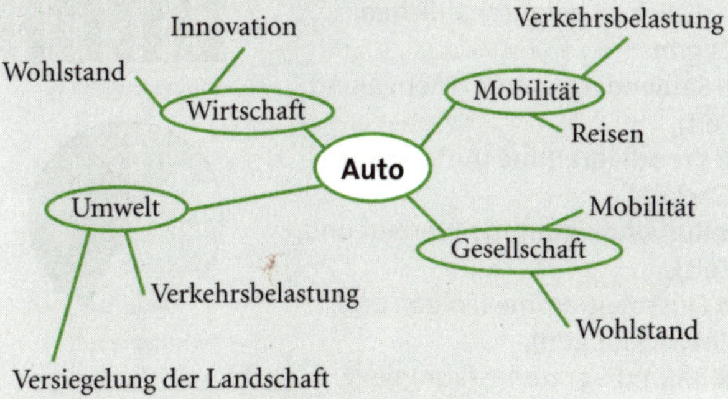

Mit einem **Strukturbaum** (Baumdiagramm) lassen sich Hierarchien ausdrücken. Damit zeigst du Entwicklungen vom Spezifischen zum Allgemeinen und umgekehrt.

Beispiel für einen Strukturbaum

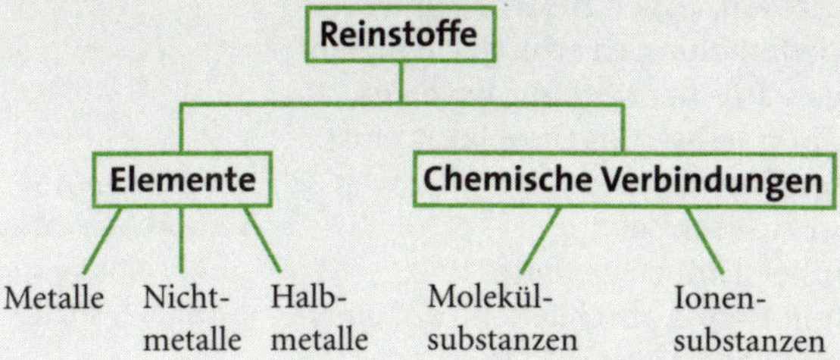

Strukturierungshilfen

Diagramme helfen, Zuordnungen von Größen zu verstehen sowie Zusammenhänge und Entwicklungen übersichtlich zu veranschaulichen.
Es gibt
- Säulendiagramme (Menge und Zeit),
- Kreisdiagramme (Anteile am Ganzen),
- Kurvendiagramme (Verlauf und Zeit),
- Flussdiagramme (Folgen und Entwicklungen),
- Baumdiagramme (komplexe Zusammenhänge, ↑ S. 53).

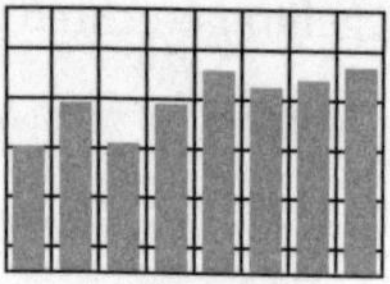

Säulendiagramm

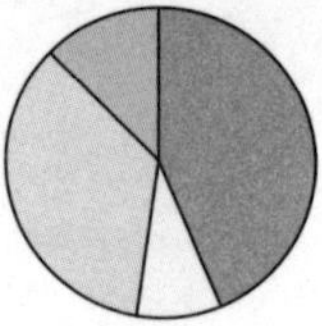

Kreisdiagramm

Tabellen sind sinnvoll bei Reihenfolgen, Sortierungen, Vergleichen und Gegenüberstellungen.

Lernpläne · Pro-und-Kontra-Listen · Zahlen · Größenvergleiche

Ein **Lernplakat** kann hilfreich sein, um Fakten im Zusammenhang darzustellen, visuell zu lernen und Wiederholung zu ermöglichen. Hänge es an einem Ort auf, wo du es häufig siehst. Das Lernplakat muss
- groß genug und von weiter weg gut zu lesen sein,
- übersichtlich gestaltet sein,
- ein Thema abschließend auf einer Seite behandeln.

mindestens A3 · Druckbuchstaben

farbig · Bilder und Symbole · Pfeile

Klausuren vorbereiten

Klausuren kannst du erfolgreich vorbereiten, wenn du:

- positiv eingestellt bist,
- rechtzeitig mit der Vorbereitung beginnst,
- feststellst, was du schon weißt,
- feststellst, was du noch nicht kannst,
- den Stoff strukturierst,
- regelmäßig und rechtzeitig wiederholst.

Aufgepasst: Plane für den Tag vor der Klausur keine Lernzeit mehr ein.

Über die Zeugnisnote zählen Klausuren zur Abiturnote.

↑ S. 6 ff.

↑ S. 51 ff.

CHECKLISTE: Meine optimale Klausurvorbereitung

- ☐ Sämtliche Klausurtermine habe ich im Terminkalender/Lerntagebuch notiert.
- ☐ Zwei Lerntermine zur Wiederholung des Klausurstoffs im Abstand von einer Woche sind fest eingetragen.
- ☐ Mitschriften aus dem Unterricht habe ich gesichtet.
- ☐ Was ich schon weiß, ist in einer Lernkartei abgelegt.
- ☐ Alle Themen und Aufgaben, die mir schwer fallen und die ich noch lernen muss, habe ich notiert.
- ☐ Zu lernende Themen habe ich strukturiert.
- ☐ Zusammenhänge und Assoziationen des Lernstoffs habe ich hergestellt und zum Lernen aufbereitet.
- ☐ Probe- und Übungsaufgaben habe ich erledigt.
- ☐ In der Lerngruppe haben wir das Thema bearbeitet.
- ☐ Ich habe den Lernstoff mindestens zweimal wiederholt.

Fakten lernen

Im Lauf der Abiturvorbereitung musst du viele Fakten **auswendig lernen,** sie so verankern, dass du sie jederzeit abrufen kannst. Besser als einfaches Durchlesen ist systematisches und nachhaltiges Vernetzen:

Vokabeln · Formeln · Merkmale · Jahreszahlen · Begriffe · Definitionen

- in einem Satz oder in einer Geschichte,
- als Definition, Umschreibung oder Erklärung.

Assoziationskette (↑ S. 57)

Eselsbrücken · Reime

Sprich immer mehrere Sinne an, indem du die Fakten

- mit Bildern oder Skizzen verbindest,
- mit Farben unterstreichst, sie einrahmst oder
- einem Lernpartner oder dir selbst laut vorsagst.

Haftnotizzettel · Lernposter · Lernkartei

Fakten lernst du am besten, wenn du mit einer **Lernkartei** lernst. Nicht nur Vokabeln, auch Lernstoff aus allen anderen Fächern lässt sich so regelmäßig und gezielt wiederholen. Verwende verschiedene Kartenfarben für die Schulfächer in einem Karteikasten. Arbeite täglich zehn Minuten. Übe mündlich und schriftlich.

Aufgepasst: Wende das Vorgehen an, das deinem Lerntyp entspricht (↑ S. 44).

Vorderseite: Vokabel · Begriff · Fakt
Rückseite: Übersetzung · Erklärung

Fach 1: täglich → Gewusstes in Fach 2, nicht Gewusstes in Fach 1 · *Fach 2:* wöchentlich → Gewusstes in Fach 3, nicht Gewusstes in Fach 1 · *Fach 3:* monatlich

Auf **Abfragen** bereitest du dich am besten vor, indem du dir eigene Fragen zu den Inhalten des Unterrichts ausdenkst.
Aufgepasst: Notiere dir stichwortartig die Fragen, die dein Lehrer im Unterricht stellt, und die möglichen Antworten auf eine Karteikarte. Das sind in der Regel auch die Fragen in Abfragen oder Klausuren.

Vorderseite: Daten · Fakten · Zusammenhänge (↑ S. 49) · Antwort auf gedachte Frage
Rückseite: gedachte oder mögliche (Lehrer-)Fragen

Probiere beim **Wiederholen** des Lernstoffs aus, welche Lernstrategie deinem Lerntyp (↑ S. 44) entspricht. Nutze verschiedene Merktechniken.

Merk- und Wiederholungsstrategien

Lernspaziergang

Herumlaufen und den Lernstoff laut vorsprechen.

Loci-Methode

Lernkarten im Raum verteilen, wobei bestimmte Themen an einem festgelegten Ort wiederholt werden.

Assoziationsmethode

Die Begriffe und Fakten zu einer Lerneinheit in eine möglichst lustige und ausgefallene Geschichte einbauen.

Frage-Antwort-Methode

Antworten zu selbst gestellten Fragen auf eine Karteikarte schreiben.

Lerngruppe

In der Lerngruppe das Thema besprechen und diskutieren.

Gemeinsam zu lernen ist eine wirksame Art, sich Wissensstoff nachhaltig anzueignen. Beachtet dabei Regeln, damit das Lernen in der Gruppe Spaß macht und erfolgreich ist.

Organisation einer Lerngruppe

Wenn ihr eine effektive Lerngruppe bilden wollt, solltet ihr euch vorher Folgendes überlegen:

- Wer? Unterschiedliche Wissensstände ergänzen sich.
- Wann? Könnt ihr euch auf einen regelmäßigen Termin einigen?
- Was? Welches Ziel verfolgt ihr und welche Themen wollt ihr gemeinsam angehen?
- Wer macht was bis wann: Inhalte aufbereiten, Fragen vorbereiten, Lücken klären, Lernspirale planen (s. u.), Lernprotokoll führen?

Aufgepasst:

- Weniger ist mehr! Für regelmäßige Treffen ist eine Gruppe mit drei bis fünf Teilnehmern sinnvoll.
- Sprecht Probleme in der Gruppe an und klärt sie, bevor es zum Streit kommt.

Lernspirale

Lernen in der Lernspirale bedeutet, jeder kommt von der Einzelarbeit über die Partner- und/oder Gruppenarbeit zur Präsentation und/oder Diskussion im Plenum. Bei einem Lernwochenende habt ihr Zeit zum Ausprobieren.

Jeder bearbeitet einen Teilaspekt und dokumentiert seine Ergebnisse. → Gespräch in Gruppen über größere Teilaspekte mit Dokumentation → Gesprächsrunde mit allen zum Zusammenführen der Teilergebnisse → Präsentation

Regeln für die Lerngruppe

Stellt gemeinsam Regeln zum Ablauf eurer Treffen, eurer Arbeitsweise und eurem Verhalten auf und beachtet deren Einhaltung. Fixiert wichtige Grundsätze auf einem Poster, das erspart euch unnötige Konflikte.

■ Lernzeit ist Lernzeit! Arbeitet nach einem vereinbarten Lernplan! ■ Achtet auf Pünktlichkeit!	15:45 Uhr Treffen 16:00 Uhr Arbeitsphase 1 17:00 Uhr Pause 17:30 Uhr Arbeitsphase 2 18:30 Uhr Kino
■ Respektiert euch gegenseitig und arbeitet auf gleicher Augenhöhe.	keinen auslachen · ausreden lassen · zuhören · loben · notfalls nochmals erklären
■ Wechselt beim Erklären und Abfragen ab!	Ungefähr nach acht bis zehn Fragen wird gewechselt.

Lernwochenende

Zur Vorbereitung aufs Abi bietet sich ein Lernwochenende an. Man kann sich längere Zeit am Stück mit einem oder mehreren Themen beschäftigen. Motivationstiefs können durch die Lernpartner aufgefangen werden. Für die nötige Belohnung sorgen gemeinsame Aktivitäten am Abend.

Vorbereitung:

- Alle Unterlagen und Hilfsmittel zusammenstellen.
- Räume zum Arbeiten, Schlafen, Entspannen, Essen organisieren.
- Arbeitsplan (Arbeit, Pausen, Essen, Schlaf) erstellen.

Vorteile:

- Konzentration auf den Lernstoff
- Offene Fragen oder nicht verstandene Sachverhalte können sofort geklärt werden.
- Jeder kann nach seinem individuellen Tempo lernen und seine Lernform (allein, zu zweit, in der Gruppe) auswählen.

6 Die schriftliche Prüfung

Die schriftliche Prüfung ist der gewichtigste Teil deines Abis. Eine gute Vorbereitung befähigt dich inhaltlich und entspannt dich emotional.

größtes Punktepotenzial (ca. 1/3 der Abinote)

Vorbereitung

Erstelle frühzeitig einen Zeitplan (↑ S. 7, 9). Im Lerntagebuch oder auf einer Wandzeitung kannst du ihn

- aufschreiben,
- überprüfen,
- anpassen.

Lernstoff strukturieren

So könnte dein Zeitplan aussehen:

Sommerferien →	Themen aus 11/1 bis 12/2 auflisten feststellen, was zu wiederholen ist Lernmaterialien vervollständigen (Hefte, Bücher, Lernhilfen, Mitschriften)
Herbstferien →	Lernen und wiederholen (1. Runde)
Winterferien →	Lernen und wiederholen (2. Runde)

Aufgepasst: Kläre die Anforderungen in den Prüfungsfächern.

↑ S. 61 ff., 72 f.

Prüfungsanforderungen

Deutsch

Die Aufgaben im Fach Deutsch sind miteinander kombinierbar und hängen von den verschiedenen Formen der **Texterschließung** ab.
Oft stehen mehrere Texte mit den entsprechenden Aufgabenstellungen zur Auswahl. Je nach Textgattung, Thema und Vorbereitung entscheidest du dich für einen. Lies dir zuerst die Fragen durch. Was liegt dir?
Aufgepasst: Das oberflächlich Leichte kann sich als schwer erweisen!

untersuchend (literarisch: Textinterpretation; Sachtext: Textanalyse) · erörternd (literarisch: literarische Erörterung; Sachtext: Texterörterung) · gestaltend (literarisch: gestaltende Interpretation; Sachtext: Schreiben mit Adressatenbezug).

Anforderungsbereiche Deutsch

1. Fakten kennen, Fachwissen (z. B. Textanalyse, Inhaltsangabe)
2. Zusammenhänge erkennen (z. B. Bedeutung eines Textes erkennen, seine Argumentationskette herausstellen)
3. Fähigkeit zur eigenständigen Urteilsbildung, Problematisierung (z. B. Meinung begründen, Zusammenhänge herstellen)

Sprachen

In den Sprachfächern bestehen die Aufgabentypen in der Regel aus:

- Textvorlagen, — Leseverstehen
- audiovisuellen Vorlagen/Hörtexten, — Hörverstehen
- Bildern und Grafiken oder
- Aufsatzthemen. — Textproduktion

Anforderungsbereiche Sprachen

1. Textverständnis (Texte lesen und verstehen, Fragen beantworten)
2. Sprachkenntnisse (Vokabeln, Grammatik, Stilebenen) und Methoden (literaturwissenschaftliche, linguistische, sprachgeschichtliche), insbesondere in der eigenen Textproduktion
3. Zusammenhänge, Stellungnahmen im Bezug auf literarische Texte und Sachtexte

Mathematik

Bei Mathematik ist ein breites Spektrum von Aufgabenarten denkbar:

- mathematische Begriffe und Verfahren anwenden und erläutern (1),
- Objekte untersuchen (2),
- Konstruktionen (3),
- Hilfsmittel richtig verwenden (4),
- Informationen auswerten (5),
- mathematische Zusammenhänge herleiten, begründen, beweisen (6),
- Modellierung von Sachverhalten (7),
- Ergebnisse, Lösungswege interpretieren, vergleichen, bewerten.

(1) z. B. Analysis, Stochastik
(2) z. B. Differenzieren, Funktionen
(3) z. B. Graphen erstellen, analytische Geometrie
(4) z. B. Formeln, Zirkel, Parabel
(5) Sachaufgaben lösen
(6) Beweise führen
(7) mathematische Anwendungen im Alltag

Anforderungsbereiche Mathematik

1. Fakten und Formeln anwenden, Arbeitstechniken beherrschen (Definitionen, Sätze, Skizzen, Algorithmen …)
2. Gelerntes auswählen und auf andere Bereiche übertragen (Lösungswege, Beweise führen …)
3. Komplexe Problemstellungen lösen, Methoden auf neuartige Situationen übertragen

Geschichte

Hier hängen die Aufgabentypen von den beiden **Vorlagen**gattungen ab:
- schriftliche Quellen und Bilder (1) erfordern eine Interpretation,
- Darstellungen (2) bedingen eine Erörterung.

(1) Urkunden · Aktennotizen · Bilder · Grafiken
(2) Geschichtsschreibung · Artikel

Anforderungsbereiche Geschichte

1. Reproduktion von Wissen (Daten, Fakten, Zusammenhänge) und Techniken (Quelleninterpretation)
2. Erklären, Bearbeiten, Ordnen (Zusammenhänge darstellen)
3. Begründungen, Folgerungen, Deutungen

Naturwissenschaften

In den Naturwissenschaften Biologie, Geografie, Physik, Chemie musst du
- Formeln (1) und Prozesse (2) kennen,
- Konzepte verstehen (3),
- Anwendungsbereiche erschließen (4).

(1) z.B. aus der Mechanik
(2) z.B. Atmung
(3) z.B. Stoff-Teilchen-Konzept
(4) z.B. chemisches Wissen im Alltag

Anforderungsbereiche Naturwissenschaften

1. Darstellung und Anwendung von Sachverhalten und Methoden (z.B. Daten, Fakten, Formeln kennen)
2. Auswählen des Wissens und Übertragen auf neue Sachverhalte (z.B. Versuche durchführen und interpretieren)
3. Problembezogenes Anwenden von Fachkenntnissen und -methoden, Bewerten der Ergebnisse, kritische Reflexion, Kommunikation über Erkenntnisse in der Fachsprache

Für die Abiklausur üben

Die Grundlage deiner Vorbereitung sind deine geordnet abgelegten Notizen und Mitschriften (↑ S. 50 ff.) und dein Zeitplan (↑ S. 60).

Vorbereitung

Bereite die Themen, die du vorbereiten musst, inhaltlich auf. Das bedeutet:

Wechsle Themen inhaltlich ab.

- Stelle alle Unterthemen zusammen.
- Verschaffe dir einen Überblick über deinen Wissensstand.

Was weißt du schon? · Was musst du noch erarbeiten?

- Führe alle Lernmittel zusammen und sortiere nach Themengruppen.

Notizen · Mitschriften · Lehrbücher · Lernhilfen · CD-ROMs · Formelsammlungen

Wissen einprägen

Präge dir den Wissensstoff systematisch durch erworbene Lernstrategien und Merktechniken (↑ S. 45, 56 f.) ein. Analysiere, was du kannst, und lerne regelmäßig auch aus kleinen Fehlern, indem du sie sorgfältig verbesserst. Füge möglichst keinen neuen Lernstoff mehr hinzu.

Mind-Map · Cluster · Assoziationen · Lernkartei · Stoff in Themengebiete einordnen · Wissen kontrollieren (z. B. abfragen) · frühere Prüfungsfragen/Klausuren bearbeiten

Üben, üben, üben …

Sorge bei der Organisation deines Lernens immer wieder für **Abwechslung.** Das erhöht deine Aufmerksamkeit und vergrößert dein „Speichervermögen“.

Fächer und Themen variieren · Lernwochenende · Lerngruppen · Einzellernen

Wiederhole regelmäßig **altes Wissen.** Das gibt Sicherheit und du entdeckst immer wieder neue Zusammenhänge.

alte Klausuren oder Tests wiederholen · Lernkartei · Probeprüfungen über den Stoff kompletter Prüfungsfächer

Den größten Lernerfolg erzielst du durch das Üben von Aufgaben. Löse **Probeklausuren** und korrigiere solche von Mitschülern.

aktive Auseinandersetzung · Lernen durch Lehren · ausführlicher Gedankenaustausch

Erledige deine Hausaufgaben und Probeklausuren immer mit einer Uhr. Du lernst dabei deinen **Zeitbedarf** unter Druck **einzuschätzen.**

leg Zeitintervalle fest: Aufgabe erfassen · bearbeiten · überprüfen/überarbeiten

- Halte dich an deinen Prüfungs- und Lernplan und vergiss nicht, Pausen einzulegen.

genug schlafen · Sport treiben · Freunde treffen

- Leg vor der Prüfung unbedingt einen Ruhetag ein.

Entspanne dich! Gönn dir etwas!

- Halte die geplante Zeitreserve bis unmittelbar vor den Prüfungen ein, nur so kannst du Unvorhergesehenes puffern.

Reserve für: Krankheit · ungeplante Probleme beim Lernen

Lösungsstrategien aneignen

Sicherheit im Beherrschen des Prüfungsstoffes ist das eine. Einer Prüfungssituation gewachsen sein, ist das zweite wichtige Standbein. Eigne dir rechtzeitig Strategien an, die dir die erforderliche Gelassenheit beim Ablauf der Abiklausur geben.

Prüfungssituationen im Vorfeld üben · Fehleranalysen nach Klausuren und Klassenarbeiten erstellen

Tipps zum Vorgehen

- Gehe ruhig und überlegt an die Lösung einer Aufgabenstellung heran.
- Lies zuerst alle Aufgaben sorgfältig durch. Markiere Schlüsselbegriffe in der Aufgabenstellung.
- Überschlage, wie viel Zeit du für jeden Aufgabenteil etwa benötigst. Plane etwa 10 bis 15 Minuten für eine Überarbeitung ein.

Hast du die Aufgabenstellung verstanden?

Skizziere einen knappen Zeitplan. · Stelle deine mitgebrachte Uhr sichtbar auf.

Aktiviere dein Denkvermögen durch

- Entspannung im Vorfeld der schriftlichen Prüfung (1),
- Optimismus (2),
- genaues, konzentriertes Lesen der Aufgabe und gezielte Fragen an die Aufgabe (3).

(1) Atemübung (↑ S. 92)
(2) „Ich weiß was."
(3) „Was ist schwer, was ist leicht?" · „Was ist gegeben, was ist gesucht?" · „Welche Leistung soll ich erbringen?"

- Bevor du einen **Analyse- oder Interpretationstext** schreibst, erstelle eine Gliederung (↑ S. 36 ff.).
- Strukturiere deine Gedanken und Ideen optisch vor (↑ S. 52 ff.).
- Wenn du **naturwissenschaftliche Aufgaben** lösen musst, überlege dir verschiedene mögliche Lösungsansätze und sei bereit, mehrere zu kombinieren.

Wesentliches für: Einleitung · Hauptteil · Schluss

Mind-Map · Tabelle · Diagramm

„Was ist gefragt?“ · „Welche Formel muss ich anwenden?“ · „Welche Schritte führen zur Lösung?“

Arbeite zuerst von leicht nach schwer, um einen Einstieg zu finden. Das festigt dein Selbstvertrauen bei kleinen Teilerfolgen und verringert deine Nervosität.
Arbeite dann von schwer nach leicht, wenn du dir sicher bist. So bleibt dir genügend Zeit zur Überarbeitung.

Aufgaben, die du kurz oder leicht beantworten kannst · Schreib dich „warm“.

verstehen, bearbeiten, lösen → Das steilste Stück ist geschafft.

Hilfsmittel nutzen

- Schlage nicht jedes unbekannte Wort im Wörterbuch nach, sondern nur die Schlüsselwörter für das Textverständnis.
- Arbeite mit der Formelsammlung regelmäßig, um schnell auf ihre Informationen zugreifen zu können.

Übe häufiges Nachschlagen im Vorfeld (↑ S. 51).

Struktur der Sammlung · Suchmöglichkeiten verinnerlichen

Die Prüfung

Genau wie für deinen Lernprozess in der Vorbereitungsphase gilt auch für die Prüfung: Mit einer ordentlichen Arbeitsorganisation funktioniert es besser. Alle Maßnahmen in der Abiturklausur solltest du in den Klausuren zuvor ausprobiert haben.

Ordnung im Umfeld sorgt für Ordnung im Kopf.

Arbeitsmaterial

Dein Arbeitsmaterial solltest du am Abend vorher nach einer abgesprochenen Liste packen.
Aufgepasst: Papier (auch Konzeptpapier) erhältst du bei der Prüfung.

Frage deinen Lehrer, was benutzt werden darf. · Fertige eine Checkliste an, damit du nichts vergisst.

Bei manchen Prüfungen wird ein Personalausweis verlangt.

Prüfe, ob dein Ausweis noch gültig ist.

Zugelassenes Arbeitsmaterial (kann je nach Schule variieren)

Schreibmaterial

z. B. Füller, Patronen, Bleistift, Marker, Kugelschreiber, Buntstifte, auch Ersatz

Hilfsmittel

z. B. Rechtschreibduden, Formelsammlung, Wörterbücher in den Fremdsprachen

Werkzeug

z. B. Textausgaben, Zirkel, Geodreieck, Taschenrechner, Lineal

Dein Prüfungsarbeitsplatz

Dein Platz wird dir durch eine Zufallsauswahl (Los) zugewiesen.

Anwesenheitsliste abzeichnen · Ausweis bereithalten

- Ein **Maskottchen** kann dir helfen, dich anzuspornen und zu entspannen.

Figur · Glückwunschbrief · Knautschball zum Abreagieren

- Eine übersichtliche **Tischorganisation** erleichtert dir systematisches Arbeiten.

Arbeitsmaterial/ Hilfsmittel oben · Aufgabenblatt links (Rechtshänder), rechts (Linkshänder) · Entwurf/ Reinschrift vor dir

Aufgepasst: Alle beschriebenen Blätter, auch Entwürfe oder Skizzen, müssen abgegeben werden.

Bei längeren Klausuren ist es sinnvoll, **Essen** und **Getränke** mitzunehmen.
Aufgepasst: Zu viel Essen belastet das Konzentrationsvermögen.

Traubenzucker · Mineralwasser · leichte Speisen · Obst

Nicht erlaubt

Mobiltelefone müssen abgegeben werden. Sie gelten als Betrugsversuch, auch wenn sie ausgeschaltet sind. Rechne auf jeden Fall mit Taschenkontrollen.

Denke daran:
Jede Art von Drogen und viele Medikamente (Beruhigungsmittel) blockieren dein Denkvermögen.

Lesen und Lösen

Lies alle Aufgaben genau und mehrmals durch, um sie zu verstehen. Mach erste Notizen. Beachte Aufgabenstellung und mögliche Hilfen. *Aufgepasst:* Berücksichtige bei den Antworten von Anfang an die Anforderungsbereiche: Wissen, Zusammenhänge, Problematisierung.

erste Geistesblitze · Formeln · Ideen · Formulierungen · Assoziationen

↑ S. 61 ff.

Beachte beim Lösen der Aufgaben außerdem Folgendes:

- Der Arbeitsaufwand sollte dem Punkteanteil entsprechen. Schätze den Wert der Aufgaben mit Hilfe des Bewertungsschlüssels ein.

hoher Punkteanteil = hoher Wert · geringer Punkteanteil = geringer Wert

- Entwerfe eine Gliederung auf Konzeptpapier, bevor du die Reinschrift schreibst.

↑ S. 67

- Löse von leicht nach schwer. Überspringe Aufgaben, die dir schwer erscheinen, aber vergiss sie nicht.

↑ S. 67 · Hake gelöste/beantwortete Fragen ab.

Überarbeiten

Nutze deine verbleibende Zeit zum abschließenden Überarbeiten.

- Rechtschreibung prüfst du erfolgreich, indem du deinen Text von hinten nach vorn liest.
- Gleiche die Schreibweise von Formeln mit deinen Hilfsmitteln ab.

Rechtschreibung · Zeichensetzung · Formeln · Aufgabennummern · Kapitelüberschriften

Sofern du Nachträge und Ergänzungen einfügst oder anschließt, kennzeichne diese deutlich.

s. u. (siehe unten) · zu Aufgabe 1.2 · farblich markieren · unterstreichen

CHECKLISTE: Die schriftliche Abiturprüfung

Vorbereitung

- ☐ Hast du dir frühzeitig einen Lernplan erstellt?
- ☐ Weißt du, wann du mit dem Lernen anfangen musst?
- ☐ Kennst du die Anforderungen in allen Prüfungsfächern?
- ☐ Kennst du die Lerninhalte für alle Prüfungsfächer?
- ☐ Hast du alle Mitschriften, Quellen und Lernunterlagen gesichtet, sortiert oder zusammengestellt?
- ☐ Weißt du, was du bereits kannst und was du noch intensiv lernen musst?
- ☐ Hast du dir verschiedene Lernmethoden und Merktechniken angeeignet, um effektiv zu lernen?
- ☐ Hast du den Lernstoff regelmäßig wiederholt?

Prüfungssituation

- ☐ Kennst du die formalen Prüfungsanforderungen?
- ☐ Hast du alle Hilfs- und Arbeitsmittel beisammen?
- ☐ Hast du schriftliches Arbeiten in vorgegebener Zeit oft genug geübt?
- ☐ Kannst du zügig mit Nachschlagewerken umgehen?
- ☐ Hast du das Lesen und richtige Erfassen von schriftlichen Aufgabenstellungen oft genug geübt?
- ☐ Beherrschst du das Gliedern und Strukturieren von Inhalten sicher?

Gelassenheit

- ☐ Hast du Entspannungstechniken ausprobiert?
- ☐ Hast du dir Lösungsstrategien angeeignet?
- ☐ Hast du den Zeitplan und Reservezeiten eingehalten?

Worauf es beim Schriftlichen ankommt

Mit welchen Erwartungen an die Prüflinge und nach welchen Bewertungskriterien werden die Leistungen der schriftlichen Abiturprüfung in den einzelnen Fächern benotet? Hier kannst du dich zu einer Auswahl von Prüfungsfächern orientieren. Weitere Prüfungsanforderungen findest du unter http://www.kmk.org/

Erwartet werden:	Bewertet werden:
Deutsch ■ inhaltliche und methodische Kenntnisse gemäß dem Unterricht der gesamten Oberstufe ■ Inhalt, Struktur, Stil, Sprache und Sprachrichtigkeit deiner Lösungen gemäß der Aufgabenstellung ■ ein hoher Grad der Selbstständigkeit deiner Lösungsansätze (Der Prüfende begründet seine Notenentscheidung in einem Text am Ende der Arbeit.)	■ Folgerichtigkeit und Begründung der Aussagen ■ Vielfalt der Gesichtspunkte, ihre jeweilige Bedeutsamkeit ■ Differenziertheit des Verstehens und Darstellens ■ Herstellung geeigneter Zusammenhänge ■ Grad der Selbstständigkeit ■ Klarheit der Darstellung in Aufbau und Sprache ■ Sicherheit im Umgang mit der Fachsprache und -methode ■ Erfüllung standardsprachlicher Normen
Naturwissenschaften/ Gesellschaftswissenschaften ■ fachspezifisches Material wie Texte, Grafiken, Abbildungen, Filme, Simulationen mit Bezug zum Stoff der Oberstufe erläutern, auswerten oder bewerten ■ ein Demonstrations- oder Schülerexperiment beschreiben und auswerten	■ Beschreibung und Nutzung der Erkenntnismethoden sowie Fachmethoden ■ Fähigkeit, in der Fachsprache über Fachinhalte zu sprechen ■ Reflexion über die Bezüge des Fachs zu weiterführenden Aspekten (z. B. Atmung → Umwelt)

Erwartet werden:	Bewertet werden:
Mathematik ■ Lösungen, Untersuchungsergebnisse oder Argumente gemäß dem Unterricht der Oberstufe ■ die Verwendung von Fachsprache ■ die Genauigkeit in der Darstellung (z. B. Zeichnung)	■ formale Lösung ■ mathematisches Verständnis ■ erläuternde, kommentierende und begründende Texte (Lösungswege) ■ die äußere Form, Exaktheit der Darstellung (Skizzen) ■ die sprachliche Richtigkeit ■ deine sachlichen und logischen Fehler
Fremdsprachen ■ deine inhaltliche Leistung (z. B. dein Wissen über Sprache und Kommunikation, Landeskunde, Literatur, aber auch Arbeitstechniken mit Bezug zum Unterricht der Oberstufe) ■ deine sprachliche Leistung (z. B. Wortschatz, Stil, Grammatik, Angemessenheit im Ausdruck) ■ deine Übersetzungsfähigkeiten in beide Richtungen ■ dein Hör- oder Sehverständnis von Radio-/Fernsehsendungen, Interviews, Reden, Dialogen (maximal 5 Minuten)	*inhaltliche Leistung:* ■ Text- und Problemverständnis ■ Themenentfaltung ■ Einordnung des Themas in größere Zusammenhänge ■ Argumentation und Urteilsbildung *sprachliche Leistung:* ■ Ausdrucksvermögen ■ sprachliche Gliederung ■ stilistische Angemessenheit der Aussagen ■ Beachtung der Konventionen der geforderten Textart ■ Sprachrichtigkeit ■ Beachtung einer sprachlichen Norm (z. B. American English, British English)

7 Die mündliche Prüfung

Vorbereitung

„Wie gelernt, so geprüft“ bedeutet, dass die Elemente der mündlichen Prüfung im Unterricht und von dir selbst eingeübt werden können und sollen. Bist du gut vorbereitet, reduziert sich der Prüfungsstress auf ein notwendiges Minimum.

Zeit- und Lernplan erstellen · Überblick über Lernstoff verschaffen · Wissenslücken kennen

Prüfungsumstände abklären

Nutze die Möglichkeit, als **Hospitant** an einer mündlichen Prüfung teilzunehmen. Nicht alle Schulen bieten das an, fragen lohnt sich aber.

Prüfer kennen lernen · Fragetechnik analysieren · Prüfungssituation beobachten

Manche Lehrer bieten **Vorgespräche** zu den mündlichen Prüfungen an. Dieses Angebot solltest du möglichst nutzen.
Durch gezielte Fragen kannst du dich dabei über den Prüfungsablauf und die inhaltlichen Anforderungen informieren.

Prüfungsablauf · Prüfungsinhalte · Welches Themengebiet und was daraus kann drankommen? · Vorstellungen, Werte, Ziele des Prüfenden · Welche Meinung hat er von dir?

Kläre auch, ob **Hilfsmittel** gestellt werden oder ob du dein persönliches Exemplar nutzen kannst.

Formelsammlung · Wörterbuch

Wenn du deinen Prüfer aus dem Unterricht oder aus Berichten von anderen kennst, kannst du die **Prüfung** besser **einschätzen.**

Lieblingsthemen · Fragetypen · Berichte ehemaliger Prüflinge

Nutze die **Möglichkeiten im Unterricht** gezielt zur Vorbereitung auf die mündliche Prüfung. Wenn sie fehlen, kannst du sie auch anregen.

Rollenspiele · Lernspirale (↑ S. 58 f.) · Diskussionskreise · Schein-Prüfungen

Prüfe, welche **Vorbereitungszeit** du einplanen musst:

- mündliches Prüfungsfach (1),
- Bestehen nur durch gute mündliche Prüfung möglich (2),
- zur reinen Notenverbesserung (3).

(1) langfristige, intensive Vorbereitung
(2) voller Lerneinsatz
(3) Aufwand und Erfolgsaussichten abwägen

CHECKLISTE: Optimale Vorbereitung aufs Mündliche

- ☐ Zeitplan erstellen und einhalten – so vermeidest du Lernstress vor der Prüfung.
- ☐ Lernstoff abstecken – du kannst nicht durch Themen überrascht werden.
- ☐ Den Unterricht zur Vorbereitung nutzen – durch Übung gewinnst du Sicherheit.
- ☐ Prüfer und Prüfungssituation kennen – du bist ruhiger, wenn du weißt, was dich erwartet.

Inhalte abklären

Kläre rechtzeitig mit deinem Fachprüfer den **Prüfungsinhalt.**
Auch wenn mit dem Fachprüfer Prüfungsschwerpunkte vereinbart wurden, musst du damit rechnen, dass andere Unterrichtsinhalte abgefragt werden.
Plane deine Themenschwerpunkte wie Trittsteine über einen Bach: nahe genug beieinander.

Lehrplanbezug · Sternchenthemen · Unterrichtsschwerpunkt · dein Lieblingsthema · ehemaliges Referatsthema

Nebenbereiche kennen

Informiere dich bei deinem Lehrer über den **Verlauf** und die **Gewichtung** der einzelnen Prüfungsteile. So kannst du vor Überraschungen sicher sein und selbstbewusster auftreten.

Prüfungsteile: Vorbereitungszeit, z. B. 30 Minuten zur Bearbeitung einer Aufgabe · siehe auch Präsentationsprüfung (↑ S. 26 ff.) · Referat und Vortrag (↑ S. 12 ff.)

Bewertungskriterien üben

Analysiere die speziellen Fragetypen deines Lehrers im Unterricht. Stelle dir selbst solche Fragen und gib dir Antworten darauf (↑ S. 29, 57).
Versetze dich in die Rolle der Prüfer oder Zuhörer und mach dir die Bewertungskriterien zu eigen.

geschlossene Fragen: Fakten

offene Fragen: Zusammenhänge · persönliche Meinung · Kritik

Du kannst deine Fähigkeiten und Kenntnisse immer wieder in der mündlichen Mitarbeit oder bei Kurzreferaten während des Unterrichts testen. Analysiere die Rückmeldungen deiner Lehrer und übe die folgenden Bewertungskriterien:

- fachliche Richtigkeit (1),
- Vollständigkeit und Schwerpunktsetzung,
- logischer Aufbau (2),
- Kommunikationsfähigkeit (3),
- Erweiterungsmöglichkeiten erkennen (4),
- Darstellung und Veranschaulichung,
- Sprache (nicht nur Fachsprache) (5),
- Medieneinsatz (↑ S. 31) (6),
- Visualisierung,
- Flexibilität.

(1) Thema eingrenzen · auf den Punkt bringen
(2) vom Einzelnen zum Allgemeinen, vom Allgemeinen zum Besonderen
(3) Augenkontakt · Pausen
(4) vom Oberbegriff zum Unterbegriff
(5) Fachbegriffe · ganze Sätze
(6) Einstieg · ein Beispiel

Inhalte eingrenzen

Inhalte kannst du clever eingrenzen, wenn du

- in den relevanten Halbjahren vor der Prüfung im Unterricht gut mitarbeitest,
- direkte oder versteckte Hinweise der Prüfungslehrkräfte sammelst,
- darauf achtest, welche Referatsthemen vergeben werden.

im Lerntagebuch sammeln:
Beobachtungen · Mitteilungen · Gesprächsnotizen · Themenandeutungen · vergebene Referatsthemen · Erfahrungen

Verlauf

Die meisten mündlichen Abiturprüfungen bestehen aus einer Vorbereitungszeit, einem Vortrag und einem Kolloquium (↑ S. 26, 29). Kläre mit deinem Lehrer, wie der genaue Ablauf sein wird. Manchmal kann der Vortrag auch entfallen.

Vorbereitung: z. B. 30 Minuten
Kolloquium: z. B. 30 Minuten

Vorbereitungszeit

Die Vorbereitungszeit nutzt du dann optimal, wenn du

- die Aufgabenstellung aufmerksam liest, — Erfassen der Aufgabenstellung
- die wesentlichen Stellen markierst, z. B. unterstreichst, — Fakten herausfiltern
- stichwortartig deine Antworten oder Lösungsstrategien bearbeitest, — Skizze · Mind-Map
- Stichwörter und Zusammenhänge großzügig auf einem Extrablatt oder einer Karteikarte notierst. — Verknüpfungen · Vergleiche

- Knüpfe daran an, was du weißt. Stelle das, was du nicht weißt oder wo du dir nicht so sicher bist, in den Hintergrund. — Ansätze zur Vertiefung · weitergehende Fragen

Arbeite nicht bis zur letzten Minute der Vorbereitungszeit, sondern bereite dich im Geist auf Vortrag und Kolloquium vor.

Nimm dir eine Uhr mit gut erkennbarem Ziffernblatt mit.

Wende die zugelassenen Hilfsmittel an. Die Benutzung dieser **Hilfsmittel** solltest du in allen Kurshalbjahren üben.
Aufgepasst: Dein persönliches Hilfsmittel darf keine Markierungen oder Notizen enthalten.

nachschlagen · Texte lesen und verstehen · Formeln und Definitionen anwenden

Vortrag

Auf einen Vortrag kannst du dich langfristig vorbereiten. Während eines Referats (↑ S. 12 ff.) oder einer Präsentationsprüfung (↑ S. 26 ff.) hast du diese Situation bereits erlebt und dabei Erfahrungen gesammelt. Beginne inhaltlich mit dem, was du weißt. Das entspannt dich und nimmt dir die Aufregung.
Neben deiner inhaltlichen Leistung werden deine Darstellung und deine Argumentation bewertet.

Darstellungsleistung: nachvollziehbare Gliederung · Methoden und Fachbegriffe anwenden · Wortwahl · Satzbau · Stil
Argumentative Leistung: Aussagen belegen · Zusammenhänge aufdecken · Standpunkte begründen · Körpersprache beachten

Ziehe bei der Vorbereitung auf den Vortrag deine Notizen und stichwortartigen Antworten aus der Vorbereitungszeit zu Rate. Je sorgfältiger du dort gearbeitet hast, desto besser wirst du nun damit zurechtkommen.

Gib am Ende des Vortrags einen Ausblick auf angrenzende Themen oder füge eine kritische Bemerkung an.

Fachkompetenz zeigen · Reflexionsvermögen beweisen

Kolloquium

Das Prüfungsgespräch
- geht in den meisten Fällen erst einmal auf deinen Vortrag ein,
- fordert dein Fachwissen,
- stellt deine kommunikativen Fähigkeiten unter Beweis.

Fragen erfassen · präzise Antworten geben · Schwierigkeiten erkennen · Differenzierungen vornehmen

Im Gegensatz zum schriftlichen Abitur, wo Detailwissen eine große Rolle spielt, geht es im Mündlichen um **aktives Wissen,** das relativ spontan als Antwort auf eine Frage zur Verfügung stehen muss.

Rechne mit W-Fragen: Wer? · Was? · Wie viel? · Wann? · Wo? · Warum?

Es werden Fragen zu allen drei Anforderungsbereichen gestellt. Beachte das bei der Vorbereitung.

↑ S. 61 ff.

- Zeige im Prüfungsgespräch, dass du **Zusammenhänge herstellen** und diese durch Beispiele begründen kannst.
- Rechne mit Fragen zu **Beispielen** und denke bereits in der Vorbereitungszeit darüber nach.
- Lenke die Aufmerksamkeit des Prüfers auf das, was du leicht beantworten kannst.
- Zeige, dass du Wichtiges von Unwichtigem unterscheiden kannst. Beschreibe und erläutere die zentralen Punkte.

Ursache – Wirkung/Folge · persönliche Meinung · Kritik · Anwendungen im Alltag

„das wichtigste Merkmal“ · „die zentrale These“ · Lass Unwichtiges weg.

Deine Prüfer wollen wissen, ob du in der Lage bist, dein **Wissen strukturiert** und in ganzen Sätzen vorzubringen. Trainiere diese Situation möglichst oft im Vorfeld der Prüfung (↑ S. 48 ff.):

- Text lesen,
- Stichwörter notieren,
- in eigenen Worten wiedergeben (am besten vor Zuhörern!).

Aufgepasst: Denke laut! Dein Denkprozess beinhaltet möglicherweise schon bewertbare Prüfungsinhalte.

Nutze Aufzählungen (z. B. 1., 2., 3.). · Stelle Beziehungen dar (z. B. von groß nach klein; von wichtig zu unwichtig). · Benenne Gegensätze.

Rhetoriktipps

Um Aufregung im Gespräch zu bekämpfen, nutze Strategien der Beruhigung (↑ S. 92 f.). Du kannst zusätzliche Sicherheit gewinnen, indem du

- die Aufgabenstellung, das Thema oder die Frage am Anfang nochmal benennst,
- mit dem vorbereiteten Schwerpunktthema oder mit dem Thema, bei dem du dir am sichersten bist, beginnst,
- deine Aufregung thematisierst.

Deine Lehrer werden es schätzen, wenn du so offen und ehrlich mit dem Thema umgehst.

„Als Aufgabe wurde mir gestellt: …“

„Hierbei geht es in erster Linie um …“

„Ich bin ein bisschen aufgeregt, …“

Zeit gewinnen

Durch die Wiederholung der Frage mit deinen eigenen Worten gewinnst du Zeit zum Nachdenken und stellst sicher, dass du die Frage richtig verstanden hast (1).
Indem du intelligent nachfragst, kannst du

- dein Verständnis der Frage überprüfen (2),
- den Prüfenden zwingen, sich präziser auszudrücken (3).

(1) „Sie wollen also von mir wissen …?“ (du wiederholst, wie du die Frage verstanden hast)
(2) „Meinen Sie … oder …?“
(3) „Ihre Frage zielt sicher auf … ab.“

Initiative behalten

Behalte die Initiative im Kolloquium, indem du geschickte Überleitungen zu deinen Themen nutzt.
Nimm dir Zeit zur Beantwortung der Fragen. Es gilt: erst nachdenken, dann antworten.

„Wenn Sie einverstanden sind, möchte ich …“ · „Ich komme nun zu …“ · „Angesichts dessen stellt sich die Frage …“

Sprich in **ganzen Sätzen.** Verbinde Einwort-Antworten mit weiterführenden Informationen.
Aufgepasst: Umgangssprache lenkt von deiner Kompetenz ab.

„Ja. So verhält es sich, denn …“ · „Nein. Dagegen sprechen …“

Wenn dir die Antwort auf eine Frage schwer fällt, versuche durch eine Assoziation auf ein Thema zu lenken, das du beherrschst.

Übe Assoziationen (↑ S. 45, 57). · „Das verhält sich ähnlich wie (dein Thema).“

Wenn du eine Antwort absolut nicht weißt, kannst du

- entweder durch Offenheit Sympathiepunkte erzielen (1) oder
- durch Umdeuten der Frage auf das Thema lenken, das du besser beherrschst (2).

(1) „Es tut mir leid, aber da bin ich völlig blank.“
(2) „… zunächst stellt sich meines Erachtens aber die Frage …“ · „Ich verstehe Ihre Frage als Bezug auf …“

Geschlossene Fragen nach Fakten solltest du selbst ausweiten (1). Wenn du redest, kann der Prüfende keine weiteren Fragen stellen.

- Beachte die Fragestellung (2).
- Beachte die Reaktionen deines Prüfers!
- Resigniere nicht gleich (3)!
- Denke nicht zu kompliziert!
- Verstecke deine Kenntnisse und Fähigkeiten nicht!

(1) Beispiele · Verbindungen zu anderen Aspekten oder Themen · thematische Zusammenhänge
(2) „Meinen Sie Ihre Frage in Bezug auf …?“
(3) „Mir fällt im Moment der passende Ausdruck nicht ein, aber es handelt sich …“

Für den Fall, dass du stecken bleibst, übe Verhaltensmuster ein, die eine solche Situation überspielen. Nutze Pausen zum Nachdenken.

Schau auf deine Notizen. · Lächle! · Suggeriere Nachdenken durch einen konzentrierten Blick.

Aufgepasst: Gib den Prüfenden keine Gelegenheit, viele Themen durchzutesten, weil du zu kurz antwortest oder schweigst.

Vermeide Augenkontakt mit dem Prüfer in der Pause. · Vermeide hilflose Blicke!

Natürlich ist bei deiner mündlichen Prüfung entscheidend, was du sagst. Aber genauso wichtig ist, wie du etwas sagst, wie du auftrittst und wie es dir gelingt, deine Aufregung zu besiegen. Während deiner Abiturvorbereitung konntest du zwar das Auftreten vor einer Gruppe (↑ S. 18 ff., 22 ff.) ausprobieren und dir rhetorische Tricks (↑ S. 81 ff.) aneignen, doch ist eine Prüfungssituation unbestritten mit mehr Lampenfieber verbunden.

Kleidung

Wähle deine Kleidung mit Bedacht. Kleide dich wie für ein Bewerbungsgespräch: etwas schicker, als du sonst in die Schule gehst.

Jungen: Stoffhose · schicke Jeans · Hemd · Jackett · Lederschuhe

Mädchen: Rock · Stoffhose · schicke Jeans · Bluse · Blazer · Lederschuhe

So nicht: Freizeitkleidung · Kappe · zu kurzer Minirock · tief ausgeschnittene Oberteile · Turnschuhe · Kaugummi kauen

Höflichkeit und Respekt

Gib dich offen und verbindlich, sobald du den Raum betrittst. So nimmst du die Prüfenden für dich ein. Das kannst du üben. Nimm Augenkontakt mit *allen* Prüfenden auf. Sie fühlen sich wahrgenommen. Letztlich entscheiden *alle* gemeinsam über deine Note.

Lächle! · Begrüße alle Anwesenden mit Namen. · Gib jeder und jedem die Hand! · Schau sie bei der Begrüßung an!

Körpersprache

Beachte die Regeln der Körpersprache (↑ S. 21). Gestikuliere nicht wild herum, sondern setze Gesten gezielt ein, um deinen Vortrag lebendiger wirken zu lassen. Nimm eine aufrechte Körperhaltung ein, ohne dabei steif zu wirken.

Nicke mit dem Kopf! · Bekräftige durch leichte Handbewegungen! · Sitze aufrecht! · Zieh den Kopf nicht ein! · Hände nicht in den Hosentaschen!

Halt finden durch Medieneinsatz

Deine Stichwortnotizen sind auf einem Tisch gut aufgehoben, wenn du vor Aufregung zitterst. Nutze Medien, um deinen Vortrag zu strukturieren. Übe den sicheren Umgang damit vorher. Das gibt dir Routine und Selbstsicherheit und verschafft dir Zeit sowie gute Überleitungsmöglichkeiten.

Plane vorher, wie du deine Notizen anordnest.

Medien: Tafel · Karten · vorbereitete Präsentationsmedien (↑ S. 29)

Selbstsicherer Abgang

Zeige am Schluss der Prüfung Selbstsicherheit. Vermeide es, die Stimmung durch Selbstkritik negativ zu beeinflussen.

Lächeln · von jedem persönlich verabschieden · mit erhobenem Kopf aus der Prüfung gehen

8 Mit Prüfungsangst umgehen

Angst und Stress bremsen deinen Lernerfolg. Wenn du die Ursachen kennst, kannst du Stress durch gezielte Maßnahmen vermeiden und Prüfungsangst abbauen.

Stressbremsen ziehen

Stress entsteht im Kopf und wird auch dort verhindert. Was kalkulierbar ist, was man erwartet, worauf man vorbereitet ist, verursacht keinen Stress und löst keine Angstgefühle aus.
Stress hängt also zusammen mit
- deiner Einstellung,
- deinen Erfahrungen und
- deinen Plänen.

Auslöser von Stress: Überforderung · Konflikte · unüberschaubare Arbeitsmenge · fehlende Regenerationsmöglichkeiten

Negativer Stress

Stress, der längere Zeit andauert und nicht abgebaut werden kann, wirkt sich **negativ** aus.
Aufgepasst: Dauerhafter negativer Stress wird oft chronisch und verursacht Krankheit.

Ermüdung · Schlaflosigkeit · Konzentrationsmangel · schlechte Noten · höheres Krankheitsrisiko

Positiver Stress

Stress ist notwendig, denn er wirkt sich auch **positiv** auf die Leistungsfähigkeit aus.
Aufgepasst: Positiver Stress wirkt situationsbezogen und akut.

erhöhter Herzschlag · erhöhte geistige Leistungsfähigkeit · erhöhte körperliche Leistungsfähigkeit

Stress vermeiden

Stress lässt sich durch eine **positive Einstellung** vermeiden. Diese gewinnst du durch:

- positive Gedanken,
- Gespräche mit positiv gestimmten Freunden,
- erfolgreich abgeschlossene Tätigkeiten,
- positive, dich bestärkende Vorbilder,
- eine eigene positive Ausstrahlung.

lächeln · Konzentration auf Wesentliches · wahrnehmen, was dir hilft · Grübeln vermeiden · positive Gedanken zulassen

Planvoll und **zielgerichtet** auf ein gutes Ergebnis hinzuarbeiten, fördert positiven Stress. Bewege dich so auf dein Ziel, das Abitur, zu.

- Plane, was möglich ist (1).
- Lerne aus Erfahrungen (2).
- Suche Hilfen und nimm sie an (3).
- Übe regelmäßig, so wirst du sicher.

(1) Arbeitsplan (↑ S. 6 ff.) · Zeitplanung (↑ S. 9)
(2) Ziehe regelmäßig Bilanz über deine Ergebnisse.
(3) Lehrer · Eltern · Freunde

Besinne dich auf deine **Stärken.** Versuche, sie hervorzuheben. Nutze dazu dein Lerntagebuch.

„Das kann ich gut." · „Da bin ich sicher." · „Hier hatte ich Erfolg."

Prüfungsängste abbauen

Während deiner Abiturvorbereitung stehst du häufig in Prüfungssituationen. Nutze diese Situationen als **Übungsfeld**, um Prüfungsängste abzubauen. Was du oft und routiniert bewältigt hast, löst keine Ängste mehr aus. **Analysiere** nach jeder Klausur oder Prüfung:

- Wie ist es gelaufen?
- Wo war ich schwach?
- Was kann ich besser machen?
- Wo war ich gut?

Abfragen · Tests · Klausuren · Präsentationen · Referate

War ich gut vorbereitet? · Welche Fehler habe ich gemacht und warum?

Versuche, Fehler bei der nächsten Prüfung zu vermeiden und bewerte auch diese danach.

Gibt es eine Verbesserung im Vergleich zu vorher?

Positiv denken

Bewerte eine bevorstehende Prüfungssituation grundsätzlich positiv. Stelle das zu erreichende Ziel als Ansporn in den Vordergrund, wachse mit den Aufgaben.

„Die Prüfung schaffe ich. Ich teile mir die Aufgaben ein. Ich fange mit dem Leichtesten an."

Überlege, welche Umstände der Prüfung für dich positiv besetzt sind. Mach dir Gedanken zu Situationen und Dingen, die dich mutiger und sicherer machen.

„Andere sind bei mir. Ich habe mich planmäßig vorbereitet. Ich habe alles dabei. Ich gehe mit einem Lächeln in die Prüfung."

Techniken zum Angstabbau

Wende **Entspannungstechniken** an. Sorge dafür, dass du ausreichend schläfst und nicht übermüdet bist.

Entspannungskurse · Yoga · Fantasiereisen (↑ S. 92 f.)

Rede mit Freunden und Mitschülern, die in der gleichen Situation sind, über deine Ängste. Beschreibe sie genau. Überlegt euch Gegenmaßnahmen. Sprecht über Erfahrungen, die euch in Stresssituationen geholfen haben. Tauscht euch aus!

gemeinsames Startritual (z. B. „Wir schaffen das!“) · Umarmung · „Toi, Toi, Toi!“

Versuche – allein und im Gespräch mit Gleichgesinnten – genau herauszufinden, **wovor** du Angst hast. Überprüfe diese Angst. Hast du diese Angst auch in anderen Situationen erlebt und möglicherweise überwunden?

Sportwettkampf · Musikvortrag · Theater spielen · Arztbesuch

Die **Prüfungssituation gedanklich** zu **durchleben** verringert Stress- und Angstgefühle.

- Schaffe dir eine Situation völliger Entspannung (1).
- Stelle dir dann in allen Einzelheiten eine Prüfungssituation vor (2).
- Wiederhole das immer wieder, jedoch nur in prüfungsfreier Zeit (Ferien).

(1) „Bitte-nicht-stören“-Schild an deine Zimmertür hängen · ruhige Musik auflegen · mit geschlossenen Augen auf dem Bett liegen
(2) deine Gefühle · den Prüfer · den Prüfungsraum · die Aufgaben

Körperlich-seelische Entspannung

Suche Entspannung (↑ S. 92 f.) für Körper und Seele. Dies gelingt dir durch:

- Einplanung von Entspannungs- und festen Pausenzeiten,
- Meditation.

Bewegung · Sport · Atemübungen · autogenes Training · richtige Ernährung

Stelle für dich selbst fest, welche **Signale** dir zeigen, dass du entspannt bist.

- Wann fühlst du dich rundum wohl?
- Wann kannst du in belastenden Situationen trotzdem cool reagieren?

Dein Kopf ist frei. Ein verlorener Wettlauf, aber du hast das Ziel erreicht.

- Wann nimmst du mehr Details in einer Angelegenheit wahr?
- Was ging diesem Gefühl der Entspannung voraus? War es körperliche oder gedankliche Arbeit oder waren es andere Auslöser?

Wann kannst du klarer denken?

Hast du Sport getrieben? · Hast du etwas geschenkt bekommen? · Hast du eine gute Zensur erreicht?

Die körperlich-seelische Entspannung stellt sich dann sicher ein, wenn mit den entspannenden Tätigkeiten **kein Zwang** verbunden ist. Sie kann zielgerichtet erreicht werden durch:

- Rituale (1),
- regelmäßige Übungen (2).

(1) regelmäßiges Joggen · Spaziergänge allein, mit Freunden oder dem Hund
(2) Atemübungen vor dem Einschlafen und vor dem Aufstehen

Das innere Gleichgewicht

Wer weiß, wie er in einer stressigen Situation zu seinem **inneren Gleichgewicht** findet, den bringt auch die bevorstehende Prüfung kaum aus der Ruhe. Viele Entspannungs-, Atem- und Meditationstechniken kann man erlernen. In der **Gruppe** macht das sogar Spaß. Schau in deiner Nähe, ob du einen Kurs belegen kannst. Auch deine Schule bietet möglicherweise etwas an oder ist deiner Anregung gegenüber vielleicht aufgeschlossen.

Volkshochschulen · kirchliche Fortbildungsinstitute · private Anbieter

In bestimmten Fällen kann es sein, dass du **professionelle Hilfe** brauchst. Habe keine Scheu und nutze diese Möglichkeit.

Lehrer · Schulpsychologe · Kinder- und Jugendpsychologe

Körper und Geist bilden eine Einheit. Schau über den Tellerrand und versuche, durch sportliche und Bewegungsaktivitäten deinen Kopf von belastenden Gedanken freizubekommen und freizuhalten. Lass dies auch für deine Zukunft zu einem **festen Ritual** werden, denn auch im Studium oder in deinem späteren Beruf wirst du solche Entspannungsmomente brauchen.

joggen · spazieren gehen · tanzen gehen · mit dem Rad zur Schule fahren · jonglieren lernen

Gerade vor oder während wichtiger Prüfungen sind die innere Unruhe und Anspannung manchmal so groß, dass sie ein effektives Lernen erheblich erschweren oder sogar blockieren können. Auch nach deinen Prüfungen wirst du immer wieder in Situationen geraten, bei denen du Techniken brauchst, die dich entspannen und Ängste abbauen lassen. Vielleicht hast du Lust auf mehr und gewinnst sogar Freude daran, in einem professionell angebotenen Kurs systematisch an Entspannungstechniken herangeführt zu werden. Zunächst kannst du mit einigen grundlegenden Entspannungstechniken starten.

Atemübung

- Setze dich aufrecht auf einen Stuhl, ohne dich anzulehnen.
- Halte den Kopf erhoben und den Rücken gerade.
- Stell die Beine rechtwinklig bequem auf den Boden.
- Lass die Arme entspannt herunterhängen.
- Schließ die Augen.
- Konzentriere dich auf deine Atmung: Lass den Atem in dich fließen, atme dabei in den Bauch (du kannst eine Hand auflegen, die du „wegatmest“).
- Führe drei Durchgänge zu je fünf Minuten durch, mit kurzen Pausen dazwischen, in denen du dich ausschüttelst.

Diese Entspannungsübung kannst du auch kurz vor einer Prüfung durchführen.

Fantasiereise

- Leg dich auf dein Bett.
- Liege auf dem Rücken.
- Atme ruhig bei geschlossenen Augen.
- Wandere in Gedanken durch dein Zimmer.
- Stell dir möglichst alle Einzelheiten genau vor.
- Stell dir vor: *Das Fenster ist offen, die Vorhänge bewegen sich leicht im Wind. Du schwebst vom Bett aus dem Fenster. Du betrachtest dein Haus, deine Straße, deine Gemeinde/ deine Stadt von oben. Konzentriere dich auf die Details, genieße das Schweben.*
- Kehre durch das Fenster zurück auf dein Bett.

Dauer: 5 bis 10 Minuten

Geeignet: vor dem Einschlafen · nach dem Aufwachen · als Pause während deiner Lernzeit

Progressive Muskelentspannung

- Leg dich auf eine weiche, bequeme Unterlage (z. B. dein Bett). Schließe die Augen.
- Wandere in Gedanken deinen Körper entlang, beginne mit den Füßen, dann zu den Beinen, zu Po, Rücken, Kopf, Armen, Händen.
- Bei diesem Gedankenspaziergang spannst du erst für jeweils sieben Sekunden den Körperteil an, an den du gerade intensiv denkst, und entspannst ihn anschließend. Genieße das Gefühl in dem entspannten Körperteil.
- Absolviere drei Durchgänge zu je fünf Minuten, dazwischen schüttelst du deine Gliedmaßen leicht aus.

Bibliographische Information der Deutschen Bibliothek
Die Deutsche Bibliothek verzeichnet diese Publikation in der Deutschen Nationalbibliografie; detaillierte bibliografische Daten sind im Internet über http://dnb.ddb.de abrufbar.

Redaktionelle Leitung Simone Senk
Redaktion Claudia Fahlbusch
Autor Jörg Nellen

Herstellung Annette Scheerer
Typografisches Konzept Horst Bachmann
Illustrator Peter Lohse, Büttelborn
Umschlaggestaltung Michael Acker

Satz Petra Kita, Stuttgart
Druck und Bindung Kösel, Altusried-Krugzell
Printed in Germany

F E D C B A

ISBN-13: 978-3-411-70328-9
ISBN-10: 3-411-70328-8

Besser als jeder Spickzettel!

Die Reihe „SMS – Schnell-Merk-System“ zum schnellen Lernen und Wiederholen. Jetzt auch fürs Abi! Alle wichtigen Inhalte, Formeln und Definitionen mit vielen Beispielen und Grafiken.

- Abi Deutsch
  ISBN 3-411-70324-5
- Abi Englisch
  ISBN 3-411-70326-1
- Abi Mathematik
  ISBN 3-411-70316-4
- Abi Physik
  ISBN 3-411-70317-2
- Abi Chemie
  ISBN 3-411-70318-0
- Abi Biologie
  ISBN 3-411-70325-3
- Abi Geschichte
  ISBN 3-411-70314-8
- Abi Politik und Sozialkunde
  ISBN 3-411-70327-X
- Clever durchs Abi
  ISBN 3-411-70328-8

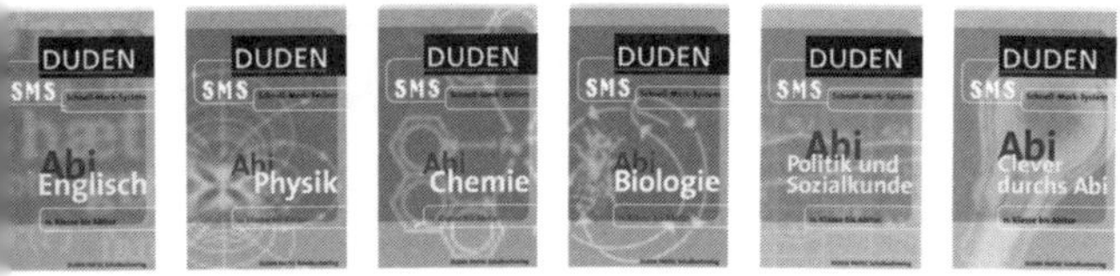